丛书编委会

总　策　划：来新国　王文成

编委会主任：郭齐勇　周晓亮

编　　委：来新国　陈知涯　张　彧　尹格韬　沈　众

　　　　　　王文成　孟淑贤　周长志　罗养毅　秦　丹

　　　　　　乌　琛

大家精要

徐复观

李维武 著

Xu Fuguan

陕西师范大学出版总社

图书代号 SK16N1058

图书在版编目（CIP）数据

徐复观/李维武著. —西安：陕西师范大学出版总社
有限公司，2017.1（2024.1重印）
（大家精要）
ISBN 978-7-5613-7645-4

Ⅰ.①徐…　Ⅱ.①李…　Ⅲ.①徐复观（1903—
1982）—传记　Ⅳ.①K825.1

中国版本图书馆CIP数据核字（2016）第320833号

徐复观　　XU FUGUAN

李维武　著

责任编辑	郑若萍	
责任校对	陈君明	
特约编辑	宋亚杰	
封面设计	张潇伊	
出版发行	陕西师范大学出版总社	
	（西安市长安南路199号　邮编710062）	
网　址	http://www.snupg.com	
印　制	永清县晔盛亚胶印有限公司	
开　本	650 mm×930 mm　1/16	
印　张	10	
字　数	100千	
版　次	2017年1月第1版	
印　次	2024年1月第2次印刷	
书　号	ISBN 978-7-5613-7645-4	
定　价	45.00元	

目　录

附录

后记 / 152

第1章

鄂东农村的儿子

1903年1月31日，徐复观出生于湖北浠水一个偏僻山村的贫苦农家。在以后八十多年的人生岁月中，这个鄂东农村的儿子，经历了曲折的生命历程，由故乡的泥土地逐渐登上了中国思想舞台，成为20世纪中国著名的爱国学者，成为现代新儒学的重要代表人物。然而，他生命的根始终没有离开故乡的泥土地，他始终把自己看作一个来自鄂东农村的儿子，最后又回归到这片土地上，与故乡的泥土地永远地融为了一体。

20世纪初的鄂东之地

自鸦片战争后，长江流域被直接卷入了全球性现代化运动。现代化浪潮，以上海开埠为起点，溯江而上，逐渐展开。19世纪与20世纪之交，在湖广总督张之洞的主持与推动下，湖北成为中国内陆地区现代化发展最快的省份。当时湖北的现代化运动，主要是以武汉为中心而展开的。在武汉，集中了张之洞所创办的湖北近代的工业、学校及新式军队。这也促成了新思想在武汉广泛传播，并最终造成了1911年辛亥革命爆发。

但以武汉为中心的现代化进程，包括辛亥革命这样重大剧烈的历史变局，都没有对湖北广大农村的原有结构和秩序造成很大的冲击，湖北广大农村并没有发生深刻的实质性变化。真正造成湖北农村大变动的原因，是1926年北伐军进入湖北后，革命向农村的深入以及接下来的轰轰烈烈的土地革命战争。当然，即使是革命战争，要彻底改变这种传统的结构和秩序也是十分困难的。对此，《湖北省志》农业卷有过说明："民国时期，湖北省农业生产仍以手工操作和畜力农具为主，耕作靠犁、耙、锄、锹，排灌靠牛车、脚车、手车，打落靠石磙、连枷等。……尽管战争频繁，灾荒遍野，社会极其动荡，但是湖北农村的土地所有制并未改变。"

湖北现代化进程的这种不平衡性，使得20世纪初一大批来自湖北农村的知识分子具有了双重的文化性格。一方面，由于农村没有发生深刻的变动，在农村原有的结构和秩序里，仍然保存着中国传统文化的基本内容，他们深受熏陶感染，对中国传统文化总有一种亲切感、认同感；另一方面，以武汉为中心的现代化进程，又使他们看到了代表现代化的西方近现代文化，促使他们离开农村来到武汉，在现代化大城市中接受新式学校的教育，接受西方新知识、新思想的洗礼，有了新的希望与追求，成为与中国传统读书人不相同的一代新的知识分子。这种双重的文化性格，使他们在现代化与传统文化之间保持着一种割不断的联系。

在这方面，鄂东知识分子可以说是最具有典型性的。鄂东之地，是湖北境内长江流域的下游地区，东面与安徽、江西相接，西面紧连武汉及上通北京下至广州的铁路，北面是大别山脉，南面是幕阜山脉，长江从中贯穿而进入皖、赣两省。从今天的湖北省行政区划上看，鄂东地区包括了黄冈、鄂州、黄石三市的全部与孝感、武汉、咸宁三市的大部。当年苏轼就在这里吟唱出"大江东去,浪淘尽,千古风流人物"的千古绝唱。与富庶的江汉平原相比,鄂东之地是比较贫穷的,特别是山区更是如此。在20世纪第一个四分之一世纪里,现代化浪潮还没有来得及波及鄂东之地,在这一大片土地上仍然保存着传统农村的结构与秩序,保持着中国传统文化的根基与影响。但是与之相邻的武汉,却自19世纪下半叶以来已经成为湖北现代化运动的中心。因此,对于鄂东农村知识分子来说,距离现代化并不那么遥远。他们很容易被吸引到现代化大城市中来,接受新知识,认识新事物,获得新思想,从而成为一种带有传统印记、带有泥土气息的新式人物。

在鄂东大地的丘陵与平川之间,源于大别山脉的巴河,碧水清澈,缓缓流淌,滋哺着这片鄂东的大地,最后汇入滔滔长江之中。20世纪初,正是由于鄂东之地的这种特殊的地理位置,巴河两岸的古老土地获得了独特的灵气与空前的活力,孕育出一代在20世纪中国历史上留下不朽业绩的风流人物。熊十力、闻一多、徐复观、殷海光……这些著名的学术人物,相继从巴河两岸走向中国和世界,走进20世纪中国人文学术史。熊十力与殷海光是黄冈人,闻一多与徐复观是浠水人,黄冈、浠水两县以巴河为界,同属巴河流域。

徐复观的农村记忆

徐复观的故里凤形湾,是个远离县城、四周环山的乡村。整个湾子形同一只展翅欲飞的凤凰,十一二所土砖房就分布在张着的翅膀上。凤形湾是一片贫穷的土地,方圆二三十里的住户，除了几家地主、少数富农外，多为一年不能吃饱几个月的穷苦农民。

徐复观的祖上，大约在元末明初时由江西迁至此地。徐家原是地主，在经历太平天国战争之后开始没落，至徐复观父亲时，家境已相当贫寒。徐父兄弟二人，开始时并未分家，在一起过着传统农业社会的耕读生活。这种耕读传家的农村家庭，是鄂东传统农村社会的一大特色。在家中，徐父是长兄，得以读书，但连一个秀才也未考上，终生以乡间塾师为业。乡间塾师的收入微薄，不够维持一家人的生活，徐父除了教学童识字读书外，还于每天清晨早起捡拾猪粪牛粪，积蓄农田肥料。徐母生育子女五人，徐复观是老四，上有二姊一兄，下有一幼弟。徐母除了养育这一大群子女外，还要养猪、纺线，作为全家生活来源的补充。家里的一点水田旱地，则由叔父耕种。

这个勉强维持温饱的耕读之家，由于贫困而经常发生纷争。徐复观回忆说："叔父只有夫妇两人，未生儿女。他一人种田，要养活我们兄弟姊妹'这一窝子'，心里总有一股怨气；但他不向我父亲发作，总是向我母亲发作；常常辱骂不算，还有时动手来打。我印象最深的一次是：叔父在堂屋的上边骂，母亲在堂屋的下边应，中间隔一个天井。一下子，叔父飞奔而来，揪住母亲的头发，痛殴一顿。母亲披着头发叫，我们一群小孩躲在大门角里哭。过了一会，才被人扯开。"从孩提时代起，徐复观就浸泡在这种贫困与纷争的纠结中，深切地感受着中国农村的贫穷困苦。

争吵终于导致了兄弟分家。分家又使得徐复观家更加贫苦。徐父是教书先生，拉不下面子像农民一样干田间农活。母亲与大姐裹着小脚，无力下地从事劳作。大哥才开始学耕种，尚拿不下全部农活。因此，分家所得的一点田地，还得要请半工或月工耕种。种出的口粮，每年只能吃到过年的时候。一过了年，便要靠徐父教蒙馆挣来的一点学钱，四处托人情买米。用学钱买的粮食，只能够吃两个多月，要接上春季大麦成熟，尚差一月有余。大麦成熟后，正值插秧时节，还得把大麦糊给请来帮助插秧的雇工吃，更加剧了口粮紧张。大麦吃完后，接着吃小麦；小麦吃完后，要接上早稻成熟，中间又缺一个月左右的粮食。在这些缺粮的日子里，全靠徐母和大姐起早贪黑纺线，由大哥拿到离家八里的小镇去卖，用卖线得的钱买粮食糊口。徐复观说："我还记得的一次，家里实在没有任何东西可吃了，姐姐又不肯向人乞贷，尤其是不愿借叔父的；她就拿镰刀跑到大麦田里，找快要成熟的，割了一抱抱回家，把堂屋的一张厚木桌子侧卧下来，用力将半黄的大麦穗一把一把地碰击到侧卧着的桌面上，把麦子碰击下来。她一面碰击，一面还和我们说着笑着。母亲等着做麦糊的早饭。"

母亲在贫困中的哭喊和大姐在艰辛中的说笑，给幼年徐复观留下了刻骨铭心的记忆，使他终生难忘。他后来写了《我的母亲》一文，深情怀念艰辛生活中支撑家庭、养育子女的母亲，字里行间流露出对母亲的无限怀念，成为他的散文名篇。大半个世纪过去后，当暮年徐复观病重垂危即将辞世时，又好像听见了母亲当年哭喊的两句话："给我点亮儿吧！给我条路吧！"

家境的贫困使徐复观在少年时代就开始参加农业劳动。最初的劳动是砍柴和放牛。即使后来上学了，徐复观也没有离开农村的劳动生活。每逢放假回到家中，他总是要帮助家里干农活。砍柴、放牛、捡棉花、摘豆角等，都是徐复观在20岁以前于寒暑假中必做的"功课"。这种农村劳动生活，使他对农村和农民有着一种深切的感受。

在农村生活中，徐复观除了感受到生活的艰辛外，同时又感受到自然环境与人际关系的质朴之美。特别是以后经过与城市生活、官场生活的对比，他更珍惜和怀念鄂东农村的质朴之美。直至晚岁，他还怀念那些山峦、那片荒野，怀念当年那种人与自然融为一体的感觉，深情地写道："正面对着我们湾子的有一个像馒头样的山——'鳝鱼脑'；'鳝鱼脑'上面，便是拔出于群山之上的'落梳峰'。大家都说曾有一位仙女坐在一块平阔的大石板上梳过头，却一个不小心，将梳子掉下；所以石板上到今还留有仙女的脚印和梳子的痕迹。这个峰，像一口大钟伏在地下，显得特别秀整。在我以放牛、打柴为生的幼年，这里是经常上下处所之一。"

徐复观还写过一篇题为《春蚕篇》的散文，用诗一般的语言，回忆村里姊妹们养蚕的情景，描绘了鄂东农村的那种人与自然、人与人的和谐与宁静。"我的故乡，不是蚕桑区域。但一到每年的蚕月，村里的姊妹们，都聚精会神的用小筐小篮，各人养着百把几十个蚕。从孵卵起，她们整天做的，说的，想的，都是为了各人所养的这一撮小动物。有时拿出来互相比较，'你看，我这个长得多么旺呀！'她们似乎觉得每一个蚕都是随着自己的希望、喜笑而生长。一直到蚕上了小小的架子，开始摇着头来吐丝，大家心里才感到轻松，但每天还要去看几次。一下子发现已经是亮晶晶的或黄或白的茧了，那种欢天喜地的情形，只有我们陪着帮过闲的小孩子们，到现在还可以在追忆中仿佛一二。茧摘下来以后，到底作了什么用场，我倒说不清楚。因为父母伯叔们，总是把这一个蚕月分给姊妹们作私房（私人的存积），姊妹们可以随意处理，很少打算在家计之内。我们故乡的蚕，与其说是被姊妹们养大的，倒不如说是被她们欣赏大的，更为适当。所以在我心目中的蚕，这是几千年，甚至是几万年，由中国女儿们的心，由中国女儿们的魂，所共同塑造成的最高艺术，是中国女儿们纯洁高贵的心与魂的具像化。没有参加过这一伟大民族艺术塑造工作的摩登女人们，我除了到化妆店里去了解你们以外，你们还能给我了解一些什么呢？壮年时代，我曾在浙江住过三年，这才是中国有名的蚕丝出产地。我曾看到绿荫似海的桑田，也曾看到高烟囱林立的缫丝工厂，又看到一些改良蚕桑的意见书，却没有看到蚕，更没有看到乡下养蚕的女儿们的实际活动。在我的脑子里，觉得江浙的蚕只是特产，只是经济，只是商场，只是工业，而不是艺术。女儿们纯洁高贵的心魂，早被商人的算盘，经济家的计划，污浊得一干二净；我不能回忆它，我不愿回忆它。在我脑子里的春蚕，永远只许它和'女桑''香闺'绾带在一起的。"

鄂东农村生活，既留给了徐复观许多痛苦的往事，也留给了他许多美好的忆恋。这两者交织于一体，形成了他对鄂东农村的永久的乡土情结。这种切身的经历和体验，使徐复观认定："我真正是大地的儿子，真正是从农村地平线下面长出来的。"在以后的漫长岁月里，他走南闯北到过海内外的许多地方，可以说漂泊不定、四海为家，但却始终都没有忘记自己生于斯长于斯的乡土，始终都没有忘记自己是这片贫瘠的土地所养育的儿子。正如他后来所说："我的生命，不知怎样地，永远是和我那破落的湾子连在一起；返回到自己破落的湾子，才算稍稍弥补了自己生命的创痕。"这种对于农村之根的终生眷恋，成为徐复观学术思想最深刻的根源。他对于中国文化传统的认同，他对于现代化与现代性的批判，他对于祖国和故乡的真挚热爱，从根源上看，都可以从他那深扎于鄂东农村的生命之根上得到说明。

鄂东文化的深刻影响

鄂东之地，不仅以其前近代的农村生活，给徐复观留下了终生难忘的农村记忆，而且以其文化特点与文化传统，在性格上和思想上给徐复观投下了深刻的影响。

鄂东地区之人，多有一种坚硬的性格，具有独立的精神。进入20世纪后，由于鄂东之地的地理位置及湖北现代化进程的影响，这一点尤为鲜明地体现出来。在这片土地上，经过时代风潮的吹动荡激，涌现出许多敢说敢当、慷慨悲歌之人。中共"一大"的十三位代表中，就有三位是鄂东人：董必武是黄安人，陈潭秋和包惠僧是黄冈人。以后，革命的风暴曾席卷鄂东大地，从这里走出了千千万万的革命战士，走出了两百多位共和国的将军，红军三大主力之一的红四方面军和独立完成长征的红二十五军都诞生在这片土地上。而来自鄂东之地的思想家和学者，如熊十力、闻一多、徐复观、殷海光等，也都倔强孤傲，风骨嶙峋，有见解，敢争论，不向有权势者低头折腰。闻一多、殷海光在与国民党独裁统治的抗争中，都勇敢地付出了生命的代价。熊十力在谈到故乡传统知识分子的人生性格时说："楚士又好为一意孤行，不近标榜，蕲、黄尤甚。"蕲、黄两州，都属鄂东之地，巴河流域即地处黄州境内。徐复观曾比较过他自己与熊十力、殷海光的人生性格，揭示鄂东农村的贫苦生活对他们的深刻影响。他说："我和海光，虽然我是浠水，他是黄冈，但相距不过十里左右，中间隔着一条巴水。我们两人有若干相同的地方。首先是两人出身穷苦，幼年少年时代受到许多欺压，这便形成了精神分析学所指出的潜意识中的反抗性，脾气都有些怪而且坏。与我家也相距约十公里，与海光家相距约三公里的熊十力先生的性格，也可以作此解释。"

鄂东之地在历史上有着心学的传统。早在隋唐之际，鄂东之地就成为中国禅宗的实际发祥地。禅宗在中国的传法世系，一般以菩提达摩为初祖，慧可为二祖，僧璨为三祖，道信为四祖，弘忍为五祖，慧能为六祖。相传僧璨曾在鄂东的浠水一带传法，但这毕竟缺乏足够的文献证明。有文献可考的是：道信生于鄂东的广济，在僧璨门下修习九年，后在鄂东的黄梅双峰山建正觉寺独立传道；弘忍生于与广济相邻的黄梅，自幼随道信修禅前后近三十年，后于距离双峰山不远的黄梅冯茂山独立传道，形成著名的东山法门。道信提出了自己的禅学思想，其核心即："念佛心是佛，妄念是凡夫"；"离心无别有佛，离佛无别有心，念佛即是念心，求心即是求佛"。这些主张，强调佛性实在于每一个人的自身生命中，反对追求辽远的彼岸世界去获得成佛，而强调每一个人通过自我的修习与自心的觉悟即可成佛，鲜明地凸显出立足于人自身生命、自身实践的心学路向。与这种心学的路向相联系，道信又改变了自达摩以来禅师以乞食为生的传统，在正觉寺组织徒众一边修禅一边从事农业生产劳动，自耕自种，自食其力，开创了禅农并重的修禅新风。这使得禅宗立足于人自身生命、自身实践的心学路向进一步向下落实，建立了同农业劳动与下层社会的天然联系。弘忍进一步发扬道信的禅学思想，主张："众生佛性，本来清净，如云底日，但了然守本真心，妄念云尽，慧日即现。"又主张："四仪皆是道场，三业咸为佛事。""四仪"指行、住、坐、卧，"三业"指身、口、意，这些内容无非都是普通之人的普通之事，平平常常，实实在在，没有任何的神秘感与超验性于其中。这意味着修禅进一步世俗化、平民化、大众化，使成佛成为每一个人在平常实在的普通生活中经过自我的努力即可实现的事情。道信、弘忍在黄梅讲禅前后持续五十多年，使鄂东之地成为中国禅宗的中心，产生了全国性的影响。慧能正是在岭南闻弘忍的大名，不远千里来到黄梅追随弘忍。慧能的禅学思想实际上也形成于黄梅。弘忍对于慧能的禅学路向予以了肯定，于冯茂山传法于慧能。

有明一代，王阳明心学盛行，鄂东又成深受心学影响之地，不少学者风从响应。黄冈的郭庆，闻王阳明讲学，徒步往从之，得其说而回故乡认真践履。黄安的耿定向、耿定理兄弟，则直接承继了泰州学派的思想。蕲春的顾问、顾阙兄弟，均从事良知之学，世称"二顾先生"。明代的李贽，其心学路向的形成与阐释，更是与鄂东之地联在一起。李贽辞官归隐后，即来到黄安的耿定向、耿定理兄弟家中，一边以教书为业，一边从事思想探索。耿定理去世后，李贽与耿定向不合，于是转至与黄安相邻的鄂东的麻城，长期居住在佛寺芝佛院中。正是在鄂东之地，李贽把泰州学派的心学思想进一步发展为"童心说"，认为："夫童心者，真心也。若以童心为不可，是以真心为不可也。夫童心者，绝假纯真，最初一念之本心也。若失却童心，便失却真心；失却真心，便失却真人。人而非真，全不复有初矣。"这种作为"最初一念之本心"的"童心"，是一种未曾受到后天的伦理纲常、道德教化熏陶影响的"真心"；人出生之后，逐渐受到伦理纲常、道德教化的熏陶影响，这种"真心"也就逐渐丧失，人也就由"真人"异化为"假人"。李贽的这一思想，表现出一种心学异端的性格，对传统的伦理纲常、道德教化作了断然的否定，而强调重视人的基本物质利益，强调这种对基本物质利益的重视即是人伦物理，认为："穿衣吃饭，即是人伦物理。除却穿衣吃饭，无伦物矣。""童心说"一时间产生了很大影响，湖北公安的袁宗道、袁宏道、袁中道兄弟就由此主张"独抒性灵，不拘格套"，在晚明文学发展中独树一帜。

从道信、弘忍到李贽，鄂东之地的这种心学源流当然会影响后世的鄂东学人。这一点熊十力在他的第一部著作《心书》中就已明确提及："夫古今言哲理者，最精莫如佛，而教外别传之旨，尤为卓绝。自达摩东渡，宗风独盛于蕲、黄。蕲水三祖、蕲春四祖、黄梅五祖，迭相授受，独成中国之佛学。黄梅传慧能、神秀，遂衣被南北，永为后世利赖。有明心学兴，黄冈郭氏、黄安耿氏、蕲春顾氏，并为荆楚大师。"熊十力把自己的第一部著作题为《心书》，也是为了表示要继承这种先哲流风，以示其对真我、真心的追求。

徐复观后来认同现代新儒学的心学路向，除了受到熊十力的直接影响外，还与鄂东之地的心学传统有着深刻的联系。对于禅宗的心学路向，徐复观就作过很高的评价，认为："由天台、华严，尤其是禅宗，对人类的'心'，作了一番探险与垦荒的工作，把印度佛教的宗教性格，完全转移于中国人文精神之中，而成为'中国佛教'。……禅宗把由印度所搬进来的大小经论，一脚踢开，专在自己的心性上立脚，这实在是由印度文化回归向中国文化的产品。"在这方面，他与熊十力看法一致，曾说："熊十力先生常谓，宋儒如不辟佛，则其成就将更大，此真卓识卓见。"而在青年时期，由于尚未能有此认识，徐复观对鄂东之地的禅宗旧迹却不曾探访过，这成为他晚年的一件憾事。他曾感叹地说："我是鄂东人，鄂东黄梅的东山，实创出了禅宗尔后一千多年的天下，即所谓'东山法门'，而我竟连一游的念头都不曾动过，真太抱愧作为一个鄂东人了。"

"我是鄂东人"，徐复观的这句话，既普通，又重要，因为这里头确实于无意中道出了他生命的根。不了解鄂东之地，不了解他生命的根，是不可能了解徐复观的。

第 2 章

从书生到军人

徐复观虽然出生于封闭的农村，但 19 世纪与 20 世纪之交的湖北现代化运动及鄂东之地在这一运动中的特殊地理位置，却为他提供了历史的机遇，使他从少年时代起就逐渐由故乡的泥土地走向了现代社会生活，并经历了由书生到军人、由教室到战场的复杂人生历程。徐复观的个人经历，从一个侧面反映了 20 世纪上半叶中国社会历史的巨大变迁，反映了时代对于人的生命的影响与塑造。

新旧并进的启蒙教育

从 8 岁起，徐复观开始跟随父亲发蒙读书。在教学内容上，徐父由于受新学的影响，采用了"新旧并进"的方针。所谓"新"，是读新式的教科书，从第一册读到第八册。所谓"旧"，是从《论语》读起，读完了四书，便再读五经，并兼及《东莱博议》《古文观止》《纲鉴易知录》《御批通鉴辑览》。除最后两部书外，他都要求徐复观背诵。当徐复观背诵之后，他再复讲一遍，以加深儿子的记忆和理解。这种"新旧并进"的方针，为徐复观以后的治学打下了最初的基础，隐然成为他治学方向的最初起点。

但徐父的教学目的却在望子成龙，追求功名。徐父把一生的主要时间和精力都耗费在科举场上，却没有考到一个功名；即使在 1905 年科举制度废除后，仍存有恢复旧制的幻想，巴望儿子有朝一日考到功名。因此，他在指导徐复观读书时，极力反对读诗赋、小说之类，认为看这些东西与科举考试无涉，只会白白浪费时间。而读诗、看小说，正是少年徐复观的一大爱好。于是，父子间的冲突就不可避免了。徐复观回忆说："有一次，我从书柜里找出一部套色版的《聊斋志异》，正看得津津有味的时候，被父亲发现了，连书都扯了烧掉。等到进了高等小学，脱离了父亲的掌握，便把三年宝贵的时间，整整地在看旧小说中花掉了。这也可以说是情绪上的反动。"

这种"情绪上的反动"无疑对徐复观以后的思想发展产生了潜意识的深刻影响，以致他终生都对中国的科举制度及科举制度下的中国知识分子持严峻的批判态度。他曾指出："千余年中的科举制度，在形式上与精神上的控制士人，折磨士人，糟蹋士人，则可谓无微不至；科举下一般士人的品质，实在比农民差得多。"而这种对于科举制度的厌弃心理与批判态度的最初萌芽，可以说就孕育于少年徐复观与父亲的最初冲突之中。

从浠水到武昌

1915 年，12 岁的徐复观考入浠水县高等小学，来到浠水县城读书。这是他走出偏僻贫穷的凤形湾的第一步。浠水县城并不大，街道狭窄，房屋低矮，但却富有文化气息。清清的浠水河流过城边。城边一隅，建于宋代的文庙面对浠水河，大成殿、崇圣祠、尊经阁、棂星门构成了县城中最庄严的建筑群，显示着浠水的人文特色。浠水素有重藏书的传统，外出读书者和做官者皆喜购书回乡，县城中公私藏书相当丰富。这为少年徐复观提供了新的读书环境。在浠水高等小学三年学习中，他不再受父亲的限制，读了大量的旧小说。读小说，不仅进一步打开了他的眼界，而且使他日后能从这方面来对中国文化作出深刻的理解。

1918年，徐复观由浠水高等小学毕业，考进设在武昌的湖北省立第一师范学校。他之所以作出这一选择，只有一个很简单的理由：读师范可以吃饭不要钱。武昌是当时的湖北省会，与汉口、汉阳两镇鼎足而三，为中国南部的人文荟萃之地。19世纪末，张之洞在主政湖北期间，着力在武昌兴办了一批新式学堂，使湖北的近代教育初具规模。进入20世纪后，湖北的近代教育有了更大的发展。在湖北省立第一师范学校里，就集中了一批好教师。校长刘凤章，湖北黄陂人，曾任教于张之洞创办的两湖书院、文普通学堂、方言学堂，于1915年至1922年主掌第一师范，其间因坚决反对袁世凯称帝而一度辞职。刘先生是一位笃信王阳明学说的学者，以知行合一为人生准则，生活清严，不苟言笑，待人恳笃，来往总是步行，极少坐人力车，冬天只穿棉袄，不穿皮袄。正是因为这样，大家都称他为"刘阳明"。他在上修身课时向同学们说：读书人要能站得起来，不走上升官发财的老路，首先必从生活俭约上立根基。他为第一师范制订的校规是："朴诚勇敢，勤苦耐劳。"在徐复观看来，"真正以宋明儒讲学精神办学校的，民国以来仅有他一人"。同时，任国文课的陈仲甫先生，批改作文的李希哲先生，教历史的傅先生，讲文字学的鲁先生，教学都有特色，给徐复观留下了终生难忘的印象。正是在这些师长的教育启迪下，徐复观得以系统学习中国传统典籍，打下了很好的文史基础。用他自己的话说："我对于线装书的一点常识，是五年师范学生时代得来的。"在第一师范的学生中，也有后来在历史上产生过重要影响的人物，如中共"一大"代表包惠僧、秋收起义时任工农革命军第一军第一师第二团党代表的蔡以忱、大革命失败后任中共湖北省委代理书记的魏人镜，蔡以忱、魏人镜都是革命烈士。他们分别于 1912 年、1915 年、1922 年考入第一师范，算得上是徐复观的学长或学弟。

1923 年，徐复观于湖北省立第一师范学校毕业。但接着，他所面临的就是求职困难。为了找一个饭碗，徐复观又回到了浠水。但这时他发现，在县里找一个县立小学教员岗位也难于上青天。徐复观只好与几位返乡同学联合起来，向县里主管教育的劝学所所长发难，终于以每人半价的待遇分到了工作。徐复观被派到县城里的第五模范小学当教员。这种最初的教学生活，在他的全部教书生涯中，如同幼儿学步，带有几分幼稚、几分滑稽、几分可笑。他后来回忆说："小学教员，什么都要教的：音乐一课，我可以按风琴，但唱不出声音来；图画一课，我只会勉强在黑板上画一枚树叶子。最得意的是向学生讲《左传》，这不仅在现在想起来是笑话，在当时也只是适应少数学生的要求。所以这场面弄得相当的尴尬。"而小学教员的工资更少得可怜，每个月大约只有五块半到六块大洋。这点收入，连维持个人生活都还要借债。在这种情况下，徐复观感到已经到了无路可走的地步。

正在困顿彷徨之际，湖北省立国学馆开始招收学生。徐复观发现这不失为一条求生之路，于是报名参加了国学馆的考试。在应考的三千考生中，徐复观于头试得了第一名。当时的阅卷人是国学大师黄侃。黄侃对于徐复观的试卷十分欣赏，曾在武昌师范大学和中华大学上课时说："我们湖北在满清一代，没有一个有大成就的学者，现在发现一位最有希望的青年，并且是我们黄州府的人。"徐复观遂考入湖北省立国学馆继续求学。

湖北省立国学馆设立于 1923 年，旨在培养国学专门人才，弘扬荆楚人文传统。馆长是著名学者王葆心。王葆心，字季芗，湖北罗田人，毕业于两湖书院，先后任教于京师大学堂、北京大学和武昌高等师范学校，湖北省立国学馆创办后被推为馆长。在王先生的主持下，湖北省立国学馆大体沿袭了两湖书院的传统。在国学馆中，徐复观仍然勤奋学习。但徐复观自己却感到国学馆的三年比不上第一师范的五年，一则失去了初读书时的那种新鲜感，二则生活贫困使他难以安心问学。读书期间，他曾不得不到离武汉不远的汉川县当了几个月的小学教员，以维持艰难的生计。

然而，从总体上看，走出凤形湾后的十年求学生活，是徐复观人生道路的一个相对平稳时期，也是他为日后的学术事业打下坚实基础的时期。其所以如此，一个很大的原因，就是他没有同现实政治接触。尽管这一时期中国的政治生活发生了巨大的变化，但徐复观却是一个局外人，他的生活是宁静的。这种宁静的生活一直持续到 1926 年。这一年冬，北伐军攻占武昌，湖北省立国学馆关闭，而徐复观也结束了求学生活，被卷入时代的激流之中。

对于在武昌读书时给予教诲的这些老师，徐复观一直保持着深深的敬意与怀念。他后来说："我每回想到年轻时的老师中间，有不少的人，在人格和学问上，都有高人一等的成就。"

对于刘凤章和王葆心两位先生，徐复观更是忆念终生。他在晚年写有《忆念刘凤章先生》和《王季芗先生事略》二文，深切怀念这两位民国初年的湖北著名学者以及在他们主持下的第一师范和国学馆的读书生活。

投入时代的激流

1926 年，北伐军进入湖北，攻占武昌，大革命的浪潮席卷荆楚大地，也把徐复观从宁静的书斋里呼唤出来，使他以一介书生而投身时代的激流。这成为徐复观生命历程的一个重大转折。

与当时的许许多多有志青年一样，徐复观怀着革新中国社会的抱负，积极参加各种革命活动。他参加过国民革命军，担任过湖北省商民协会宣传部长，被推为民众会议主席。在时代大潮的冲击下，他的思想也发生了深刻的变化，开始接触到孙中山的思想，并由孙中山而知道马克思、恩格斯，唯物论。在当时的徐复观看来，革命与线装书是不相容的，他把那些读了多年的线装书都丢在一边，努力接受新思想。

轰轰烈烈的大革命，在 1927 年春夏之际发生突然转折。同当时的许许多多投身革命的热血青年一样，徐复观被一排排汹涌而来的滔天浊浪打得晕头转向，甚至差一点被当作共产党而杀头。在亲身经历这血腥一幕之后，徐复观断然退出了政治活动，又去从事小学教育，做了几个月的湖北省立第七小学校长。这时的徐复观，虽然已远离现实政治，但在思想上仍然倾向革命，对受迫害的进步青年表示同情，并尽力加以接济。他的同乡谈瀛后来回忆说："1926 年，我失学回乡，卷入了农民运动的风暴。次年'七一五'政变后，我受到地方上旧势力的迫害，离乡外出谋生，在汉口一家印刷厂干排字学徒工。徐先生时任省立第七小学校长，从同乡处知道我的处境，屡表同情关切。"

1928 年，徐复观前往日本留学，先后就读于日本的明治大学经济系和陆军士官学校步兵科。在日本求学期间，他利用日本的条件，对马克思主义进行了研究。他组织了一个"群不读书会"，广泛阅读各种日文马克思主义书刊，研究马克思主义的哲学、经济学和政治学。将苏联理论刊物《在马克思主义的旗帜下》的日译本，一期不漏地买来看。对日本马克思主义学者河上肇的著作，也是片纸只字必读。这种对马克思主义的学习，一直到苏联德波林学派遭到斯大林的批判为止。这种对马克思主义的学习和信仰，现在看来，在很大程度上只是对苏联马克思主义的学习和信仰，缺乏对马克思原典的钻研和对马克思自身思想的把握，有很大的局限性，但对徐复观一生的思想发展却起了重要作用，使马克思主义曾在一个相当长的时间里在他的思想中占有重要位置。徐复观作过这样的说明："回国后在军队服务，对于这一套，虽然口里不说，笔下不写，但一直到民国二十九年前后，它实在填补了我从青年到壮年的一段精神上的空虚。"后来，徐复观转而对马克思主义持批评态度，也不能不说与他这种对马克思主义的学习和理解有关。

1931 年"九一八"事变的发生，又一次激发了徐复观的政治热情。他与留日爱国同学一起，举行了抗议日本帝国主义侵华的活动，遭到日本当局的镇压。徐复观被日本当局逮捕，监禁三天后被驱逐回国。他的三年留学生涯就这样悲壮地结束了。然而，回国后的遭遇却使徐复观失望。他后来回忆说："'九一八'事变发生，反抗、入狱、退学，怀抱满腔救国的热望，和同学们从日本回到上海，这时才真正和社会接触。一个多月的呼号奔走，所得的结果是冷酷、黯淡。于是同学们各奔前程，再不谈什么救国大志。"徐复观本想组织一个名为"开进社"的团体，打算以唯物辩证法来完成三民主义理论的发展，以发展完成了的三民主义来指导中国的革命，甚至邀集了若干同志，起草了宣言和纲领，但很快由于身无分文，生活困顿，成员星散，这一切皆成泡影。

为了生存，徐复观只好放下自己的远大理想，经友人介绍到广西的国民党军队中任职。用徐复观自己的话说，由此而"正式过起丘八生活"。这种军旅生活，一直持续到抗日战争结束，长达十五年之久。在这期间，他不仅由一个上尉营副升至陆军少将，而且以独特的人生体验获得了对于时代的许多极其难得也极其宝贵的感受。这些感受，为他日后驰骋于政治与学术之间提供了丰富的阅历和人生的智慧。

1933 年秋，徐复观因不满桂系的割据，离开广西，成为国民政府内政部长黄绍竑的幕僚。当时由于新疆局势动荡，黄绍竑正受命作进军新疆、稳定边防的准备工作。他委派徐复观率若干人员乘四辆美制汽车前往侦察，以了解进军沿途的交通、给水情况。车队由归绥（今呼和浩特）出发，经百灵庙到居延海二里子河而返。途中曾经在茫茫戈壁中迷路，几断饮水，十分艰险。过贺兰山时，徐复观思古观今，感慨万千，作诗言志："书生投笔太从容，战骨难忘异代功。欲为飘摇寻勒石，贺兰山下起寒风。"归来后，他写了一份十余万字的沿途情况报告，但进军新疆的计划却因胡宗南的反对而取消。然而，这次侦察工作毕竟是徐复观怀抱统一中国、振兴中华的志向所担负的第一次军事任务，给他留下了终生难忘的印象，他在一些文章中多次提到这次行动。1979 年，当徐复观得知浠水故友柴曾恺的女儿兴蓉在新疆工作时，即在致柴曾恺的信中写道："新疆为观壮年梦想之地，曾于 1934 年春追随黄绍竑先生驻节归绥，筹划平定之策。观且率大型汽车四辆，向西侦查沿途交通及水草状况，至居延海二里子河，为风沙所阻折返；全般计划，因胡宗南之反对亦中途而废。兴蓉伉俪，以农技上之非常成就，在新疆开辟新天地，为国家巩固边陲，为边区人民造福，实堪庆贺。"

1935 年，黄绍竑调任浙江省主席兼任沪杭甬指挥官，秘密筹备上海、浙江一带抵御日军入侵的军事防卫工作。徐复观也随同前往，在杭州从事军事防御方案的制订工作。杭州靠近上海，以上海为中心的抗日救亡热潮，对徐复观产生了很大的影响，把他心中埋藏多年的政治激情又一次引发出来。他后来回忆说："对于救国会的一般人主张团结抗战，我内心是非常赞成的。"一次，徐复观随同黄绍竑从上海回杭州，在汽车上徐复观把自己用红笔圈点过的一篇关于时局的文章送给黄看，并对黄说："日本逼得我们太不像话，只有奋起抵抗。要抵抗，便必须团结。我希望主席对此事应有所努力。"黄绍竑听后一声不响，过了两三个月把一封蒋介石给他的亲笔信送徐复观看，信中强调抗战一开始，不论如何艰苦，决不能中途妥协，中途妥协即是投降，一定要有作战到最后一人的打算。徐复观看过信后非常激动。他后来在回忆文章中分析道："他之所以把这封信给我看，大概一面是表明自己的态度；同时也让我不要为外面的浮言所惑，坚定对委员长的信仰。"以后徐复观在一段很长的时期里追随蒋介石，溯其根源，这封信大概给予了他最初的影响。

在这期间，徐复观开始了他的爱情追求。1935 年，他与王世高小姐结婚。以后，两人患难与共，相濡以沫，共同生活了近半个世纪。王女士成为徐复观日后坎坷人生道路上的坚强精神支柱，被徐复观珍视为"一生的最大收获"。而这一精神支柱之所以坚不可摧，也与农村生活的磨炼分不开。徐复观回忆说："我的妻，初结婚时，人情世故，一窍不通，简直把她无办法。抗战发生，到乡下去住了两年，居然前后两人，美德呈显，娇习尽除，大家都说她贤德。"

从娘子关到延安

抗日战争爆发后，徐复观随黄绍竑参加山西娘子关战役。这是徐复观经历的第一次大规模实战。"登车慷慨上幽燕，不信金瓯自此残。"他在赴华北前线时所写的诗句，表现出抗御强敌、保卫祖国的决心和勇气。娘子关抗战由第二战区指挥。第二战区司令长官是阎锡山，直接指挥北面作战；黄绍竑当时任湖北省主席兼第二战区副司令长官，负责指挥东面作战。徐复观虽是初上战场，却在战斗中显示了他的勇敢、干练和军事才能。

徐复观后来曾回忆说："我们一出娘子关，前面已经垮了，军队纷纷后退。碰着赵寿山师长，便要他守乏驴岭、雪花山一带。我们马上回到娘子关车站，住在车站附近早经构筑好了的山洞里。情势紧急，黄昏时，黄赴太原讨救兵，我们连通讯设备都没有，便只好利用车站的电话。晚上七八点钟，前方赵寿山向副司令长官求救的电话来了。但副司令长官不在，大家彷徨无策。我便只好拿起听筒，自称副司令长官，用'打应急符'的方式，在电话中指挥起来。大约以后两点钟三点钟便有一告急的电话，我便要在电话中打一道符，不准他后撤。这样挨了两天一夜，正面勉强顶住了。赵寿山这样叫唤，主要是怕把他这一部分丢在前线不管。乏驴岭离娘子关车站不远。只要在电话中让他知道副司令长官是稳坐娘子关，便可以增加他的信心，他更不好意思随便向后开溜了。这是我必须打符的主要原因。但第三天一大早，敌人由右侧方的谷地窜了进来，车站已经听到清晰的枪声。恰好孙连仲的黄旅到达，这是当时最好的部队。黄旅长说，'奉命来保卫副司令长官。'我请他立刻阻击快绕到车站附近的敌军，他的部队很迅速地堵住了山口，并以一部绕到敌后，打死了不少敌人，还俘虏了几个日本兵。……战局由此得到暂时的稳定。"

但这次由徐复观的"僭越指挥"所取得的胜利，并未能扭转整个战局。由于日本侵略军的继续进攻和国民党军队的腐败无能，娘子关抗战终于陷入失败，接着便是山西西北战线的崩溃和太原的失守。面对流离失所的逃难人流，徐复观悲愤万分，终生难忘。他后来说："沿途看到人民在仓皇中奔逃，几十里路长的大行列，拥挤、杂乱、茫然、悲戚。有位非常漂亮的少妇，牵着一匹驴，驴上坐着她三四岁的孩子，走进同蒲铁路的一个车站里面，东望望，西望望，想弃驴挤上车吗？连车顶都堆满了人，她挤不进。牵着驴继续向前走吗？她也不知走向什么地方。那种彷徨凄切的表情，我没有能力形容于万一。我常常想，当时代的巨轮碾了前来时，不管谁美谁丑，谁善谁恶，总归是一齐被碾得粉身碎骨而死。"

在战场上，徐复观亲身体验了国民党军队的腐败无能。他看到一些国民党的将领，为了保存自己的实力，千方百计隐瞒自己部队的动向，不让黄绍竑作统一的调遣。为了赶走黄绍竑，以便自己开溜，有的将领甚至派人假装误会向黄所住的山洞射击。至于娘子关抗战失败后，部队的混乱和溃散更是无法收拾。当时，徐复观受命带八个卫士、两个电话兵和一架电话机组成一个指挥所，指挥后卫部队掩护大部队撤退。这是一个没有所属战斗序列的指挥所。徐复观就近找到一个曾见过面的军长，试图把指挥所附设到这个军长的司令部里。但这个军长告诉他："黄副长官太天真了。大家在撤退中，谁也不架设电话及电机，决不与上级联络。因为怕联络上了，上级给他的任务使他吃不消。现在我们军部和直辖的师部都联络不上，何况老兄和他们没有一点人事关系。这一任务是任何人都不能达成的。"徐复观只得放弃设立指挥所的打算。面对溃散的士兵，徐复观也曾亲自站在道路口，试图加以阻止，重新集结，但全无效果。这一切使徐复观深受刺激，他说："在娘子关一役中，我深切体验到，并不是敌人太强，而是我们太弱。我们的弱，不仅表现在武器上，尤其表现在各级指挥官的无能。无能的原因是平时不认真地求知，不认真地对部队下工夫。再追进去，内战太久，赏罚一以派系为依归，使军人的品格及爱国心受到莫大损伤，更是根本原因所在。"

在这期间，徐复观也第一次接触到中共领导人和八路军。他曾在石家庄听了周恩来的一次报告，报告是对国际大势的分析，给他留下了深刻的印象。听完后，徐复观即对黄绍竑感慨地说："我们可能还没有这种人才。"娘子关失守后，徐复观又见到了正率领八路军开赴敌后开辟抗日根据地的彭德怀。徐复观曾建议彭德怀率部立即从侧面进攻正在推进中的日军先头部队，以缓解国民党军队的溃退，但遭到彭德怀的拒绝。徐复观后来回忆说，他曾一度对此不理解，过了三四年后，才知道八路军对情势的估计，比我们清楚得多，并且他们早已胸怀大志，当时是急忙展开建立太行山基地工作的。但另一方面，徐复观对八路军的精神风貌和严明军纪留下了深刻印象。他后来回忆说：当时彭德怀带着二三十个十三四岁的红小鬼，都活泼可爱。晚上，彭德怀及这群小八路与他同宿一个大窑洞内。第二天一大早，他醒来一看，彭德怀带着红小鬼已经神不知、鬼不觉地走了。

1943年，徐复观奉国民政府军事委员会军令部的派遣赴延安八路军处任联络参谋，历时半年。徐复观的到来，受到毛泽东的重视，毛泽东曾在当年5月8日给周恩来的电报中谈及此事。毛泽东还在电报中指出："斯大林'五一'声明后国际形势将好转，第二条战线今年可能开辟，今冬明春可能击败德国，国民党可能对我好一点，目前彼方可能不发动宣传攻势，故我们不应先作公开声明，只作文电声明及口头解释。《解放日报》及各根据地报纸还是一点也不刺激国民党。"因此，徐复观是在国共关系相对平和的气氛中到延安任职的。毛泽东的这一电报，在中共中央文献研究室所编《毛泽东年谱（1893—1949）》中有专门的载录，可见在当时是一件重要的事情。

到延安后，徐复观与中国共产党领导人多有往来。特别是毛泽东，常邀徐复观到他的窑洞中畅谈学术与政治。交谈中，徐复观曾向毛泽东诚恳地请教一些学问之事。一次，徐复观问毛泽东如何读历史，毛泽东答曰："中国史应当特别留心兴亡之际，此时容易看出问题。太平时代反不容易看出。西洋史应特别留心法国大革命。"徐复观晚年忆及此事说："他这段话，实际给了我很大的影响。"又一次，两人谈到了孔子。徐问毛泽东："孔子的话，你有没有赞成的?"毛泽东想了想答道："有。'博学之，审问之，慎思之，明辨之，笃行之。'这就是很好的话。"徐又补充道："应当加上孔子的'毋意，毋必，毋固，毋我'。"毛泽东还十分郑重地向徐复观推荐刘少奇的名著《论共产党员的修养》，请他提出意见。徐复观认真作了阅读，写了几张纸的意见送给毛泽东，毛泽东看了之后认为很好，又专门介绍他与刘少奇晤谈。大半年的延安生活，使徐复观对于中共有了比较深入的了解，看到了另一个正在崛起的中国。他已预感到中共的胜利和国民党的失败都是难以避免的。

成为蒋介石的高级幕僚

1943 年年底，徐复观在延安任职结束。从延安返回重庆后，他向国民党最高当局写了一份关于中共情况的报告——《中共最近动态》。这份报告当然是出自反共的立场，但却讲了一些当时国民党的官僚们不敢直言的话，指出中共有能力夺取全国政权，国民党如此下去必将败于共产党。报告引起了蒋介石的重视。蒋介石对这份报告作了仔细的圈点，并作为秘密文件下发，在国民党内传阅。

徐复观由此受到蒋介石的器重和提拔，开始作为蒋的高级幕僚参与国民党高层工作，先后担任联合秘书处秘书长随从秘书、侍从室第六组副组长、总统随从秘书等职，成为当时国民党政治圈中有一定影响的人物。地位的改变使徐复观的思想发生了很大变化，他放弃了原来对马克思主义的兴趣，而形成了"由救国民党来救中国"的构想。他曾利用与蒋介石接近的机会，多次向蒋介石进言，希望"把当时庞大而渐趋空虚老大的国民党，改造成为一个以自耕农为基础的民主政党"。这些建议当然未被采纳。

几年的高层政界生活，使徐复观对国民党深感失望。他后来回忆说："自民国三十年起，对时代暴风雨的预感，一直压在我的精神上，简直吐不过气来。为了想抢救危机，几年来绞尽了我的心血。从三十三年到三十五年，浮在表面上的党政军人物，我大体都看到了。老实说，我没有发现可以担当时代艰苦的人才，甚至不曾发现对国家社会真正有诚意、有愿心的人物。没有人才，一切都无从说起。"

从 1926 年起，在近二十年的时间里，徐复观满怀救国救民的热情和革新社会的愿望，由一介书生投身时代激流，经历了其间许多重大政治事件，接触了当时许多重要政治人物，一次又一次试图施展他的远大抱负。然而，当他有机会接近最高政治权力圈的时候，也是他最感痛苦和最为失望的时候。

第 3 章

生命的转折

1943 年，对徐复观的生命历程来说是具有转折意义的一年。这一年，他不仅因受到蒋介石的器重而在仕途上得以顺达，而且在学问上因结识熊十力而得到了名师的指点。由此，他的生命出现了一个大的转折。

熊十力"起死回生的一骂"

熊十力，字子真，出身湖北黄冈的农家，幼年家境贫寒，勤学自奋；青年时代奔走从事反清革命，曾加入湖北新军，组织秘密社团，并参加日知会的活动，因受到清廷的追捕而四处逃亡；辛亥革命时出任湖北都督府参议，以后又追随孙中山参加护法之役；由于痛感当时政治的腐败，终于脱离政界，转而从事学术研究和理论著述。他应蔡元培校长之聘任教北京大学哲学系，主讲自创的新儒家哲学体系"新唯识论"，产生很大影响；抗日战争时期流亡四川，讲学于马一浮主持的复性书院和梁漱溟主持的勉仁书院。徐复观就是在位于重庆北碚的勉仁书院拜见熊十力的。这时的熊十力已是名重一时的现代大儒，他的代表作《新唯识论》文言文本早已行世，《新唯识论》语体文本上卷和中卷也已刊行。

徐复观对熊十力产生钦佩之心和师从之意，是在他读了《新唯识论》语体文本上卷之后。据徐复观的回忆，他原来只是拿着《新唯识论》随便翻翻的，但随即为该书构思之精、用词之严、辩证之详审、文章之雄健所吸引，促使他进一步打听熊的情况。当徐复观得知熊十力正住在勉仁书院时，便试着写了一封表示仰慕的信寄给熊十力。不几天，他就收到熊十力的回信。熊十力的来信粗纸浓墨，重要处加上红黑两色的圈点。信中首先所谈的，就是"子有志于学乎，学者所以学为人也"，开陈了一番治学为人的道理；接着又说到后生对于前辈要有礼貌，批评徐复观来信字迹潦草，诚意不足，以后当特别注意。徐复观说："这封信所给我的启发与感动，超过了《新唯识论》，因为句句坚实凝重，在率直的语气中，含有磁性的吸引力。当然我立刻去信道歉，并说明我一向不能写楷字的情形。"经过几次书信往来后，熊十力约徐复观前来勉仁书院相见。

徐复观与熊十力的初次交谈似乎并不愉快。当时，徐复观向熊十力请教该读点什么书。熊十力推荐读王夫之的《读通鉴论》。《读通鉴论》是王夫之的重要历史哲学著作，以解读《资治通鉴》的形式阐发了他的历史观。王夫之是熊十力最为推崇的哲学家之一，而抗战岁月又极易使人联想到王夫之所处的明清之际的历史大变局，因而《读通鉴论》也受到熊十力的推崇。然而，徐复观对熊十力的指点并不以为然，说《读通鉴论》早已读过了。熊十力听后，露出不高兴的神气说："你并没有读懂，应当再读。"过了一段时间，他又去见熊十力，报告《读通鉴论》已经读完。熊要他讲一讲心得，徐复观于是接二连三地谈了许多对王夫之的批评，熊未听完就怒斥道："你这个东西，怎么会读得进书！任何书的内容，都是有好的地方，也有坏的地方。你为什么不先看出他的好的地方，却专门去挑坏的；这样读书，就是读了百部千部，你会受到书的什么益处？读书是要先看出他的好处，再批评他的坏处，这才像吃东西一样，经过消化而摄取了营养。譬如《读通鉴论》，某一段该是多么有意义，又如某一段理解是如何深刻，你记得吗？你懂得吗？你这样读书，真太没有出息！"熊十力的这一番痛快淋漓的训斥，使自傲的徐复观狼狈不堪，也由此而大彻大悟，开始明白了如何才算得上是读书做学问。他后来回忆说："这一骂，骂得我这个陆军少将目瞪口呆，脑筋里乱转着，原来这位先生骂人骂得这样凶！原来他读书读得这样熟！原来读书是要先读出每一部的意义！这对于我是起死回生的一骂。恐怕对于一切聪明自负、但并没有走进学问之门的青年人、中年人、老年人，都是起死回生的一骂！近年来，我每遇见觉得没有什么书值得去读的人，便知道一定是以小聪明耽误一生的人。"

经过熊十力"起死回生的一骂"之后，徐复观终于摸索到了治学的门径，师生关系也日渐密切。以后两人在一起探讨文化问题时，熊十力总是环绕一个个问题，引导徐复观通过层层分析，去把握问题的实质，得出最后的结论。这种引导式的探讨，对于徐复观的启发甚大。他说："受到他老先生不断的锤炼，才逐渐使我从个人的浮浅中挣扎出来，也不让自己被浮浅的风气淹没下去，慢慢感到精神上总要追求一个什么。为了要追求一个什么而打开书本子，这和漫无目标的读书，在效果上便完全是两样。"今天细读徐复观的研究著述，确能真切感受到熊十力的这种治学态度和方法对徐复观所产生的深刻影响。

熊十力对中国文化的尊重与弘扬，更对徐复观发生了巨大的震撼和影响。他说："我决心扣学问之门的勇气，是启发自熊十力先生。对中国文化，从二十年的厌弃心理中转变过来，因而多有一点认识，也是得自熊先生的启示。"熊十力的"亡国族者常先自亡其文化"的教诲，使徐复观深悟文化问题的重要性。他开始发现，对于一个民族来说，除了现实政治之外，还有比现实政治更为重要、更加永恒的内容，这就是这个民族的文化。对于一个民族来说，现实政治往往是暂时的，而它的文化则是长久的。一个民族的生存和发展，是与自己的文化紧紧相联的，离不开自己的文化在精神上的支撑和维系。无疑，熊十力的这句名言成为徐复观由政治转向学术的最初的动机。在徐复观生前所写的最后一篇文章《中国思想史论集续编自序》中，再次重申了熊十力的这句话对他一生治学的巨大影响。可见这句话实实在在深刻地影响了他的后半生。

熊十力的这一骂，更隐含着一种对于权势的蔑视，体现了一种传统儒者独立不苟的风骨。在那个"秀才遇到兵，有理说不清"的年代里，一个毫无权势的学者敢于公然训斥一个地位显赫的将军，是长期在国民党军队中生活的徐复观从未见过的。这一点也在徐复观的生命历程上刻下了深深的印痕，使他成为一个勇者型的儒者，敢于面对权势而以道义抗争。

徐复观师从熊十力，认同新儒学，与鄂东巴河流域的泥土地有着直接的联系。熊十力、徐复观师徒，都是来自巴河两岸泥土地上的现代新儒家学者。尽管他们两人明显属于两代人，但比较两人的人生经历和学思历程，又会发现他们之间有着很大的相似之处：他们都出生于巴河岸边的半耕半读的农民家庭，他们的父亲都是传统的耕读传家的读书人，以乡间塾师为职业，同时也成为他们的启蒙老师。这种家庭环境，使他们自幼就接触以儒家思想为主体的中国传统精英文化，也使他们深切感受到在儒家思想影响下的中国传统民间文化。他们与中国传统文化的联系，不只是与传统精英文化的联系，还有与传统民间文化的联系。他们在青年时代又都离开鄂东农村，来到武汉，被卷入现代化进程中来。熊十力在武昌参加新军，以士兵考入湖北新军特别学堂，开始接受新思想的影响，走上反清革命道路；徐复观则先后就读于武昌的湖北省立第一师范学校和湖北省立国学馆，打下了很好的学问基础，随后又参加过北伐军，投身于大革命。可以说，他们都在武汉接受了新知识、新思想，并投身现实政治，参加当时的革命活动。但这种现代化的追求，并未能割断他们与农村、与传统文化的天然联系。因此，当他们对现实政治失望之后，又转向学者生涯，转向对中国传统文化的维护和弘扬，成为现代新儒学的代表人物。可以说，在熊十力与他的几位著名弟子之间，他与徐复观在人生和人格上有着更多的相似性和相通性。

从《学原》到《民主评论》

由于对现实政治的失望和受熊十力的启发，徐复观终于选择了回到学术文化研究的道路。抗日战争胜利后，徐复观断然以陆军少将退役，结束了长达十五年的军旅生涯，并试图与他并不熟习的学术界建立联系。为了使学术界了解和接纳自己，徐复观选择了办学术刊物这一联络学术界的方式。他从蒋介石那里要来一笔钱，和商务印书馆合作，办了一个名为《学原》的刊物。《学原》是一个纯学术性的月刊，1947年创刊，1949年停刊，共出三卷。国内许多著名学者，如熊十力、柳诒徵、钱穆、朱光潜、洪谦、杨树达、岑仲勉、唐君毅、牟宗三等，都在《学原》上发表学术论文。这使得徐复观结识了不少学术界的朋友，由起起武夫而渐成文化人。在这时，徐复观的注意力更集中在文化问题上。他常与唐君毅、牟宗三探讨当代中国所面临的问题，都认定中国的问题从根本上说是文化问题。要复兴中国，就必须复兴以儒家为代表的中国文化。这为日后台港地区现代新儒学思潮的崛起奠定了基础。值得一提的是，徐复观自己办刊物，却没有在自己的刊物上发表过一篇自己的文章。这在时下的人们看来，是不可思议的。

当然，徐复观在这时继续担任蒋介石的高级幕僚，并未脱离现实政治。对于当时的政局，他相当关注，不时建言，但又深感大势已定，无力回天。这种形势和这种心情，他后来有过说明："及抗战胜利，大家都以为八年的苦已经吃够了，追求的理想已随抗日的胜利而完成了。勉强抑制在某一限度下的人欲，便如骤决的堤防，挟滔天之势，由西向东，倾江倒海而下。先抢汉奸的财产，继抢敌人留下的物资，把一切可以继续运转开工的工厂都抢得七零八落。这批'劫收'的闯将，从工厂、交通机关等抢入私囊者不过百分之二三，但工厂、交通机关的百分之九十七八皆随百分之二三的抽筋折骨而残废。劫收的另一表面，则各为私党抢从中央以至地方的党政职位。抢的时候，只问其人是否与我有关，更不问他的贤愚得失。凡是与己有关的，非为他拼命一抢不可。把中央、地方的党政职位抢完后，接着便抢选举。所谓抢选举者，是指各派各系，在南京，在各省市政府内部，抢名额分配而言，决不是在选区争选民对各党各派候选人投票。名额分配就绪，把选票由省市政府分配给获得名额分配之人，怎样填写法，悉听尊便，接着便宣布当选了。……当时风云已经非常紧急。全国抢选举，却如醉如狂，自中央以至地方，各种实际工作皆废弃一旁，使全国成瘫痪虚脱状态。我曾为此写信与当时的内政部长及组织部长，请他们设法使大家转向到实际工作上去，并明白宣布，凡无实际工作成效者皆不分配民意代表名额。最好把选举暂时停止一年，以待大局稍稍安定。当时的内政部长回了我一封很客气的信，组织部长则见到我嘻嘻哈哈了一阵。难道说这种情形，还不足以说明国共斗争的结果吗?"在当时的国民党上层人物中，像徐复观这样对时局有清醒认识者实在太少了。面对着这一大群昏庸者、贪婪者、无耻者，徐复观深感自己当初理想的幻灭，深感对现实政治的绝望。

1949 年，国民党在中国大陆的统治彻底崩溃了。这本是徐复观预料之中的事。但作为失败者，毕竟是极其痛苦的。这年 3 月，徐复观应已经下野的蒋介石之召，前往溪口，陪同蒋介石度过了在大陆的最后时光。在这四十天的时间里，徐复观面对国民党全面溃败的局势，草拟了一个名为《中兴方略草案》的文件，送蒋介石审阅。文件的大意是"分析三民主义与民主自由如何能融合在一起，以团结广大知识分子，重新建立政治阵容"。这在徐复观的思想上可以说是一个重要的转折，标志着他开始放弃"由救国民党来救中国"的幻想，而希图在国民党之外寻求帮助国民党革新、改善国民党统治的力量。他后来谈到这一点时说："我的用意不是注重拉拢几个人，而是想把自由民主的精神注入到国民党内部来，以洗涤沉疴，打通社会，重新在社会中生根生长。我当时的认识是，国民党的新生是一切问题的前提条件。但在大陆上，政治权力葬送了国民党；所以国民党的新生，是要靠社会而决不是政治权力。"这一转变，在徐复观以后的思想发展中得到了更进一步的展开。

徐复观的这些建议，当然也没有被蒋介石采纳。倒是他提出在香港办一份杂志的意见，得到了蒋的肯定，蒋还亲自批给他九万港币的经费。依靠这笔经费，他于 1949 年 5 月在香港创办了《民主评论》。这是一份政治-学术理论杂志。它的创刊，不仅在台港地区现代新儒学思潮发展史上占有重要的地位，为20世纪50~60年代台港地区现代新儒学思潮提供了主要舆论阵地，而且对徐复观个人来说也是一次人生的重要转折，成为他退出现实政治而转入学术研究的界标。正如徐复观所说："我自此正式拿起笔来写文章，由政论而学术，开辟了进入大学教书，并专心从事研究、著作的三十年的新的人生途径。"

对于所从事过而最后幻灭的现实政治，徐复观的心情是极其痛苦的。他曾嘱咐在死后的墓石上刻下三十个字："这里埋的，是曾经尝试过政治，却万分痛恨政治的一个农村的儿子——徐复观。"可以说，这个墓志铭是徐复观对自己人生道路的一个深刻反省。

执教大学

1949年5月，徐复观离开大陆，开始了流亡台港地区的生活。除了有时到香港处理《民主评论》的事务外，他主要生活在台湾。为了远离他所痛恨的现实政治，徐复观断然放弃了继续做高官的机会，避开党政军要人集中的台北，定居于台中，决心做一个以教书为业的纯粹学者。

由从政生涯转上学术道路，在局势动荡的当时是十分困难的。徐复观曾一度生活无着落，只得卖掉心爱的书籍以维持一家人的生活。但机遇终于来了。1952年，设在台中的台湾省立农学院为了扩大办学影响，网罗著名学者前来任教。徐复观受农学院院长林一民的聘请，成为该校的兼任教师，一年后改为专任教师。徐复观在农学院开的第一门课是"国际组织与国际现势"。这在当时是一门新设课程，无人承担，林一民听了别人的介绍，恳请徐复观来讲这一课程。徐复观开始还试图推辞，说自己只是"丘八"出身，没有进大学教书的资格，而林一民误以为徐复观在大陆时曾任武汉大学教授，执意聘请。就这样，徐复观成为大学教授。一年后，由于徐复观教学努力，校方想把他由兼任教师改为专任教师，徐复观则提出以不讲国际现势而改讲国文为条件，得到校方同意。这样一来，徐复观就正式成为讲授中国学术文化的大学教授。成为大学教授后，徐复观自知半路出家，不敢丝毫懈怠，以全部的时间和很大的精力投入教学的准备工作。在这种专心致志的准备工作中，从未教过大学的徐复观也摸索出了一些行之有效的教学方法。如教国文课，他发现最大的准备工作，是把预备的材料读得烂熟；而对前人文章的好坏，只有在熟读中才衡量得出来。因此，他很重视读文章，通过读来裁量衡论文章的优劣高下。正是这样，徐复观一开始走上大学讲台，就收到了很好的教学效果。

然而，徐复观更希望能教大学文科的学生。而机遇也又一次来了。1955 年，由美国基督教会办的东海大学在台中建立，东海大学校长曾约农聘请徐复观到该校文学院任教。徐复观即告别了农学院，来到东海大学任中文系教授兼系主任。当时，东海大学没有哲学系，一些从事哲学研究和教学的学者，包括哲学家牟宗三，都聚集在中文系。徐复观的中国思想史研究和教学也是在中文系开展的。在东海大学，徐复观任教达十四年之久，直到 1969 年退休离校。在徐复观复杂坎坷、漂泊多变的生命途程中，这是一段最为稳定的时期。不论是在此之前还是在此之后，他都没有在任何一个地方待过这么长的时间。

东海大学位于台中市的大度山。大度山并不是耸立的大山，而是坡度平缓的小山丘。东海大学的校舍错落有序地分布于小山丘之上。文学院是一座庭院式的建筑，房屋不高，四旁皆树，门前是一条顺着山势开出的林荫大道，进入院门后，是植满花树的花圃，装有宽大落地式玻璃窗的办公室在花圃四周展开。沿着林荫大道往下走，是一片开阔的绿草地；经过草地中的小道，在草地的一隅分布着几座红色的别墅式的小洋房。小洋房红墙红瓦，窗户宽大，都是平房，在绿草地间显得十分宁静。这是东海大学的教授住宅。除了能教文科大学生之外，这样优雅清静的环境，无疑对徐复观是有吸引力的，使他在经过近半个世纪的奔波之后有一处安静的栖身之地进行思考、著述。

徐复观是一个十分执着的教师。他总希望在中国文化沉寂的年代，多培养出几个中国文化的传人。在当时台湾的大学中，愿意学外语、学理工的学生甚多，愿意学习中国文史哲的学生极少。为此，徐复观总是耐心地做那些在中国学术文化上有培养前途的学生及家长的工作，把这些学生转入中文系来，加以认真的培养。经过徐复观的精心培养，从东海大学中文系出来了一批优秀的人文学者。著名学者杜维明就是其中之一。当时，少年杜维明以优秀成绩考入东海大学外文系；但他却对哲学情有独钟，十分爱好。为此，徐复观亲自到杜家，劝说家长让杜维明转至中文系学习，从而使杜走上了哲学道路，并成为现代新儒学新一代的代表人物。

徐复观不仅认真教学，而且对学生关怀备至。他讲课深受学生欢迎，常有一些兴犹未尽的学生在课后跑到徐家去聊天。徐复观的研究和写作常常被这些不速之客的来访所打断，但他却从不拒绝。对于那些家境贫寒的学生，徐复观总是设法予以帮助，轻则代付教科书费用，重则在青黄不接期间接济生活费。徐氏夫妇还常请学生吃便饭，在一种轻松融洽的氛围中谈学问、谈人生。学生们后来在回忆文章中说，他们都感到"在这种气氛下最适于施行人格教育"。

教学之余，徐复观挤出时间从事研究工作，发愤写作。徐复观其时已过知天命之年，但由于具有深厚的国学功底、丰富的人生阅历，加之安定的生活环境、勤奋的治学写作，因而新的见解、新的思想如喷泉般涌射出来，一发而不可收。东海大学时期，是徐复观在学术上取得丰硕成果的时期。他的著作《学术与政治之间》甲乙集、《中国思想史论集》、《中国人性论史·先秦篇》、《中国艺术精神》、《公孙龙子讲疏》、《徐复观文录》一至四册，先后问世，产生了相当大的影响。在这些著作中，徐复观在学术与政治、中国与西方、历史与现实之间孜孜探索，尤其对中国古代思想史进行了深入的疏释，从中发掘出以儒家思想为主体的中国人文精神，并力图以此来规范中国现代化的方向。这些探索和思考，奠定了他在 20 世纪现代新儒学思潮发展中的学术地位。对此，他曾深有感触地说："我中年奔走衣食，不曾有计划地做过学问。垂暮之年，觉得古代思想堡垒之门，好像向我渐渐开了一条隙缝，并从缝隙中闪出了一点光亮；所以这几年做了若干尝试性的工作。"

台港地区现代新儒学思潮的形成

1949 年以后，经过徐复观与唐君毅、牟宗三、钱穆等人在台湾、香港地区的苦心经营，在 20 世纪 50 年代逐渐形成了台港地区现代新儒学思潮。

1958 年元旦，徐复观与牟宗三、唐君毅、张君劢共同署名的《为中国文化敬告世界人士宣言》，同时在《民主评论》和《再生》两家杂志上发表。在《宣言》中，四位作者表达了他们对于中国文化的共同的保守主义态度，即面对自近代以来中国文化在西方文化压抑下的花果飘零，认肯中国文化的生命力、价值与现代意义。这就是《宣言》所指出的："我们亦不否认，中国文化正在生病，病至生出许多奇形怪状之赘疣，以致失去原形。但病人仍有活的生命。我们要治病，先要肯定病人生命之存在。不能先假定病人已死，而只足供医学家之解剖研究。""所以照我们的意思，如果任何研究中国之历史文化的人，不能真实肯定中国之历史文化，乃系无数代的中国人，以其生命心血所写成，而为一客观的精神生命之表现，因而多少寄以同情与敬意，则中国之历史文化，在他们之前，必然只等于一堆无生命精神之文物，如同死的化石。然而由此遂推断中国文化为已死，却系大错。""到了现在，东方与西方到了应当真正以眼光平等互视对方的时候了。中国文化，现在虽表面混乱一团，过去亦曾光芒万丈。西方文化现在虽精彩夺目，未来又毕竟如何，亦可是一问题。这个时候，人类同应一通古今之变，相信人性之心同理同的精神，来共同担负人类的艰难，苦难，缺点，同过失，然后才能开出人类的新路。"《宣言》的这些观点，可以说代表了台港地区现代新儒学思潮的文化保守主义的基本点。

《为中国文化敬告世界人士宣言》的发表，标志着台港地区现代新儒学作为一个思潮的崛起。后来著名旅美学者张灏曾在《新儒家与当代中国的思想危机》一文中对此有过评论："1958年初，香港出刊的保守派杂志《民主评论》，特载了海外中国四位名学者所共同署名的一篇宣言，向全世界宣示对中国文化所持的立场。自1949年后，这四人是中国文化传统最为积极与最具诠释力的发言人，所以此篇宣言足以代表保守思想趋势的重要大纲，这种保守思想依然十分活跃于当代海外中国的思想界，一般即称之曰'新儒家'。"由此，徐复观成为台港地区现代新儒学思潮的主要代表人物之一。

但在《宣言》四位作者之间，实际上也存在着思想上的较大分歧，只是这种分歧在当时没有充分显露出来，反而为《宣言》的共同署名所遮蔽了。对于这一分歧的所在，以及弥缝的过程，徐复观后来有过回忆："这篇《宣言》是由唐先生起稿，寄给张、牟两位先生。他们两人并没表示其他意见，就签署了。寄给我时，我作了两点修正：（1）关于政治方面，我认为要将中国文化精神中可以与民主政治相通的疏导出来，推动中国的民主政治。这一点唐先生讲得不够，所以我就改了一部分。（2）由于唐先生的宗教意识很浓厚，所以在《宣言》中也就强调了中国文化中的宗教意义。我则认为中国文化原亦有宗教性，也不反宗教；然从春秋时代起就逐渐从宗教中脱出，在人的生命中扎根，不必回头走。便把唐先生这部分也改了。改了之后，寄还给唐先生，唐先生接纳了我的第一项意见，第二项则未接受。这倒无所谓。就这样发表了。"《宣言》的第五小节，即以"中国文化中之伦理道德与宗教精神"为标题，对中国文化中的宗教精神作了专门的论述，认为在中国人的天人合一的思想中，在从事道德实践时对"道"之宗教性的信仰中，都可看到中国文化的宗教性。而这些是徐复观所不赞成的。这个在《宣言》中被共同署名所遮蔽的思想上的分歧，后来逐渐形成了徐复观与唐君毅、牟宗三在哲学路向上的明显分化。

因此，在台港地区现代新儒学思潮的开展中，徐复观除了与唐君毅、牟宗三、张君劢等声息与共、相互呼应外，更独立地作出了富有个性特征的思考与阐发、开拓与创新。在第4章至第10章中，进一步对他的这些思考与阐发、开拓与创新予以具体的介绍，从而展现他的独特的学术生命及对现代新儒学的贡献。

第4章

理解中国文化的基本思路

徐复观的新儒学思想，是从探讨文化观问题入手的。文化观问题，特别是其中的中西古今文化关系问题，是鸦片战争以来中国历史文化大变迁所提出而由中国近现代思想家反复探讨的大问题。现代新儒学开展的一个重要方面，就是以作为文化保守主义的文化儒学，对中西古今文化关系问题作出回应。在徐复观看来，鸦片战争以来中国所面临的种种问题，实际上都可以归结为中西古今文化关系问题；可以说，"中国的问题，最根本的还是文化的问题"。在中西古今文化关系中，说明中国文化的特点与价值，探索中国文化的未来走向，成为他着重要解决的一大关键问题。在这里，他形成并阐发了自己理解中国文化的基本思路。

人类文化的多样性

什么是文化？徐复观认为，文化根源于人性，实是人性的体现。他说："文化是人性对生活的一种自觉，由自觉而发生对生活的一种态度（价值判断）。"这就是说，文化是人性的自觉及由此而对价值的选择。文化既然是人性的自觉，那么它也就与人一样，既有其个性，又有其共性。"在文化的共性上，我们应该承认有一个世界文化；在文化的个性上，我们应该承认各民族国家各有其民族国家的文化。"但在文化的共性与文化的个性两者间，徐复观作为文化保守主义者，更看重的是文化的个性。他关于文化观的思考，对于中国文化的理解，主要是建立在对文化的个性的肯定的基础上的。

由对文化的个性的肯定和强调出发，徐复观在文化观上基本持文化相对主义的立场。在他看来，人性蕴蓄有无限的多样性，因人性所凭借以自觉的外缘条件之不同，所凭借以发展的外缘条件之不同，人性总不会同时作全面的均衡发展，而所成就的常是偏于人性之某一面，这便形成世界文化的各种不同性格。因此，不同民族的文化，作为一种个性的文化，都有自己存在和发展的理由，都可以在人性的多元展开中找到根据。基于此，徐复观坚决反对西方文化中心论，坚决反对把西方文化视为世界上唯一的合理的文化，坚决反对以西方文化作为唯一的历史尺度去裁量和评价世界各民族的不同文化，明确提出不能赞成以一种文化性格作尺度而抹杀其余的文化的武断态度。他说："以一个尺度去量两种性格不同的文化，恐怕这不能不是一种错误。"

从人类文化的多样性出发，徐复观主张在看待中国文化与西方文化的关系时，首先就要考察两者的特点、差异，说明各自的个性、各自的价值。他说："今日要论定中国文化在世界文化中之地位，与其从和西方文化有相同的地方去看，不如从其不相同的地方去看。"在他看来，这些不相同的地方，正是中国文化之为中国文化和西方文化之为西方文化的个性之所在。他在自己的著述中，着力对这些不相同的地方进行了揭示和说明，显示了他所理解的中国文化的基本特点和基本价值。

中西文化的不同开端

徐复观认为，中国文化与西方文化，在发轫之初其动机就已不相同，其发展遂分为人性的两个方面，而各形成完全不同的性格。中国文化与西方文化由于各自的开端不同，而导致了完全不同的发展路向和文化精神。

徐复观指出，近代西方文化，有希腊文化与希伯来文化两大来源。但形成近代西方文化精神的，主要是希腊文化。希腊文化发端于希腊人在闲暇中对于自然的惊异和对于知性活动的喜爱。希腊文化之初的自然哲学，即主张人的知性向自然追求剖析，人的精神便首先落在自然上。以后希腊人虽由宇宙论的研究转入人性论的思考，但依然以智识者为最有力最成功的人物。在希腊文化中，知即是美，即是善。近代西方文化正继承了这一传统。所不同的是，希腊人把知识当作教养，而近代人把知识用于权力的追求。培根所谓"知识就是力量"，便一语道破了西方近代文化精神的中核。因此，从希腊文化发展为近代文化后，人不再对自身负责，而是对人的权力负责。人与自然的关系，成为征服与被征服的关系。人与人的关系，也通过征服自然过程所建立的机具而相互联结起来，并不是作为共同的人性而相互联结起来。近代西方文化，不是完全不谈道德，而是大体上把道德的基础放在知识上面。由此可见，在近代西方文化中，一般人的存在价值，大体不在于其生活之本身，而在其向物追求的坚执之情与其在物的研究上所得的成就。人的价值是通过物的价值而表达出来的。这是一种向外开拓、向外求知的路向和精神。

徐复观又指出，中国文化不是在对自然界作思考时发生的，而是在思考人与人相互联系而来的灾祸时发生的，是起源于对人的生存的忧患。也就是说，"中国的文化，是对人的忧患负责而形成发展的"。在中国文化中，儒、道两家的基本动机，实都是出于"忧患意识"，"不过儒家是面对忧患而要求加以救济，道家则是面对忧患而要求得到解脱"。在这种"忧患意识"指导下，儒家以人自身的行动规范、道德修养作为探讨的主要内容，形成了一种以人为本的"仁的文化"。这种"仁的文化"包括两个方面：一方面，是对自己人格的负责，把性善的道德内化为人心之仁，从而把人和一般动物分开，使人成为圆满无缺的圣人或仁人；另一方面，是对人类负责，将内在的道德客观化于人伦日用之中，使人与人的关系、人与物的关系皆成为仁的关系。这两个方面是内外合一、不可分割的。由此可见，中国文化所看重的是人的价值问题。人的行为如何才有价值、才有意义，是中国文化所关注的中心问题。中国文化所讲的价值，与西方文化所讲的价值不同，不是通过物的价值来表达，而是根源于、体现于人的生命活动之中，是人们在自己的当下活动中即可掌握、解决、实现的。孔子所说的"为仁由己，而由人乎哉"，就是讲实现人生的价值，在于人自己的力量，而不是依靠外面的力量。这是一种向内开拓、向内求仁的路向和精神。

中西文化的不同自觉

徐复观进而认为，从人性的自觉上看，中国文化与西方文化是不相同的，各有自己的特点。他说：一切民族的文化，都从宗教开始，都从"天道""天命"开始。在这一点上，中国文化也是如此。中国文化与西方文化，都有一个从宗教中自觉、发现人自身的存在、进而产生人文主义的过程。但两者的不同路向与不同精神，使得人性的自觉各有特点。

徐复观指出，西方文化的另一个来源是希伯来文化。希伯来文化是以神为中心的文化。源于希伯来文化的基督教，之所以能成为世界性的宗教，是由十字架所象征的担当苦难的救世精神所决定的。这就形成了西方文化的源远流长的宗教传统。西方的人文主义，则是近代西方文化精神的产物，大约发展于14世纪，而成熟于16世纪。中国文化则不同于西方文化，很早就在宗教中注入了自觉的精神，开始了"宗教的人文化"亦即"天的人文化"的历程。这个历程在商周之际"忧患意识"萌生时就已开始。"忧患意识"是人类精神开始直接对事物发生责任感的表现，也即是精神上开始有了人的自觉的表现。"在忧患意识跃动之下，人的信心的根据，渐由神而转移向自己本身行为的谨慎与努力。这种谨慎与努力，在周初是表现在'敬''敬德''明德'等观念里面。尤其是一个'敬'字，实贯穿于周初人的一切生活之中，这是直承忧患意识的警惕性而来的精神敛抑、集中，及对事的谨慎、认真的心理状态，这是人在时时反省自己的行为、规整自己的行为的心理状态。"正是在"忧患意识"的跃动中，在周初人的"敬"的谨慎与努力中，显露出中国人文主义的最初跃动。由这种人文主义所开辟的道德的人文精神和内在的人格世界，经过春秋战国时期的展开，逐渐消解了传统的宗教的地位和影响。因此，可以说，"中国文化，为人文精神的文化"。在中国文化中，长期存在的是人文主义的传统。

徐复观认为，中国的人文主义与西方的人文主义相比较，不仅产生的背景不同，而且在内容上也不尽相同。他指出，人文主义实际上有两层意思：首先一层，也是最基本的一层，是讲立足于"人"，而不是立足于"神"。在这一层上，中国的人文主义与西方的人文主义是共同的。其次一层，也是更深一层，是讲西方的人文主义强调才智，崇拜全能的人；而中国的人文主义则不反对才智，但是终究立足于道德之上。这是中国的人文主义与西方的人文主义的不同之处。可见，中国的人文主义，在以人为中心的这一点上，固然与西方的人文主义相同；但在内容上，却相同的很少，而不可轻易相比附。那种否认中国有人文主义的观点固然错误，那种把中国的人文主义与西方的人文主义等量齐观的做法亦不足取。

中西文化的不同层级

徐复观还指出，与西方文化相比，中国文化具有自己特殊的层级性。在他看来，西方文化自古代希腊以来，形成了以思辨、概念为主的文化传统。在以思辨、概念为主的文化传统中，思辨、概念的构造常常与大众生活无关。与西方文化不同，"中国文化，却是以生活体验为主。以生活体验为主的文化，在表现的形式上，常不及西方哲学乃至宗教的堂皇、富丽，因为生活的自身，即是一种限制。但它既是从人生体验中来，又向人生体验中去，所以尽管在某一时代知识分子的意识中没有中国文化，但广大的社会生活中，依然会保存有中国文化"。也就是说，"以孔子思想为中心的中国文化，它主要不是表现在观念上，而是浸透于广大社会生活之中"。因此，徐复观认为："孔孟之道，是大众性之道。只要不存成见，而又肯面对人生社会的具体生活，便任何人可以了解。"

徐复观进而指出，中国文化的这种特殊的层级性，表现为作为大众文化与精英文化之间的渗透与互动，从而使中国文化在历史上呈现出"伏流"与"涌泉"两种状况。所谓"伏流"，是指大众文化对精英文化有一种吸纳、积淀、保持作用；这种作用不是以观念形态的形式，是以风俗习惯的形式呈现出来的。孔子思想乃至整个中国文化，一般人在观念上可能没有，但在社会生活中却依然有某种程度的存在。这好比一股泉水，虽不为人所见，但它却在地下伏流。《易传》中说的"百姓日用而不知"，就是指的这种状态。所谓"涌泉"，是指大众基层所吸纳、积淀、保持的精英文化，经过反省、自觉之后，而能以观念形态的形式重新涌现出来。这就如同伏流的泉水，一经发掘，便涌上地面。

这种"伏流"与"涌泉"的状况，在中国历史上是交替出现的，从而维系和延续了中国文化的生命、儒家精神的生命。徐复观动情地说："大约儒家思想向社会生活的浸透，是通过两汉而始完成的。故尔后虽变乱迭乘，但社会并不随政治的瓦解而瓦解。纵使暂时瓦解，亦旋即以其浸透的伦理性，融结于疮痍创痛之余。历史中每经一次大苦难，儒家思想，即由伏流而涌现于知识分子观念之间，有如南北朝后的王通，五季后的宋代理学，元初残杀后的宋代理学的复兴，明亡后的顾亭林、黄梨洲、李二曲、陆桴亭诸大儒的兴起，这都是经过苦难后而重新涌现的例子。我们可以这样说，以孔子为中心的儒家思想，常被腐蚀于政治之上，却被保存、更新于社会之中。这是我们文化发展的大线索。"在这里，他看到了"伏流"与"涌泉"对中国文化生命的同等重要性。如果说"涌泉"是创发性的，那么"伏流"则是根源性的。中国文化的生命之不绝，既来自"涌泉"的创造力，又来自"伏流"的坚韧性。

正是这样，徐复观认为，要了解中国文化和中华民族，就必须要了解中国文化的层级性，就必须要了解大众文化之"伏流"与精英文化之"涌泉"的关联。他感慨地说："不了解这种层级性，可以说便无从了解中国文化，无从了解中华民族。"

基于这种对中国文化的"伏流"的重视，徐复观不仅推崇从孔子到孙中山这些中国历史上的大圣大贤，而且重视那些在中国大地上辛勤耕耘劳作的广大民众。他说："说农村是落后，那是当然的。生产技术的不进步，基层政治的腐化贪污，教育的不发达乃至不适合，都是落后的主要原因。……但我们说农村是落后，这是拿外在的东西做尺度去说的。若就一般农民做人做事的基本精神而论，则我觉得不仅不是落后，而且是中国能支持几千年的一种证明，也是中国尚有伟大的潜力，尚有伟大的前途的一种证明。"中国的农村和中国的农民，他们不仅以自己的劳动养活了那些"劳心者"和"读书人"，而且以他们的品德和人性保持了、维系了中国文化的生命、儒家精神的生命，从而使中国文化和儒家精神不绝于未来。特别是中国农民在生死之际能立下自己的脚跟，坚持忠孝节烈、耕读传家等信念，这是中国文化在农村中最为深厚的基础和最为伟大的成就。

中国文化的成就、局限与转进

在徐复观看来，由于中国文化与西方文化在起源、自觉、层级上各不相同，因此它们从文化的成就和局限上看也是不相同的。

徐复观指出，西方文化执着于知识、科学的追求，自近代以来在物质文明方面取得了重大的成就，但却忽视了对道德、价值的维护，在精神文化方面呈现出巨大的反差。他说："自16世纪以来，金钱在有意与无意之间，被普遍承认为人生的究极意义。甚至可以说，近代的文明是追求金钱的文明，近代的人生是追求金钱的人生。""与追求财富关联在一起，出现科技万能论，认为科学技术，可以解答、解决人类任何问题。但第二次世界大战后，科学技术得到飞跃的发展，精神上出现了虚无主义，更由核子武器问题、环境问题、资源问题、国与国间的贫富差距问题，感到科技正把人类驱向不可测度的深渊。""当前世界，因科技发展得非常迅速，物质生活非常丰富，反而把人类推向各种根源性的危机。"对于西方文化的局限，他提出了一系列尖锐的批评。

徐复观又指出，同西方文化相比，中国文化也有其局限性，突出地表现为在儒家精神中缺乏科学。他指出，儒家对于自然是很亲切的，但不同于科学对于自然做冷静、客观的剖析，而是把自己的感情、德性客观化、自然化。这就使得儒家难以成就关于自然的科学。而儒家精神中之所以没有科学，只是由道德实践性限制了思索的自由发展，由对道德的主体性之重视不知不觉地减轻了对事与物的客观性之重视。尽管中国文化对知识、科学追求不足，在物质文明方面缺少足够的建树，但却在道德、价值的维护上成就斐然，足以在精神文化方面显示出优越性。

因此，在徐复观看来，中国文化与西方文化的成就与局限可以说恰恰相反："中国文化所遗留的问题，是在物的方面。因物的问题未得到解决，反撞将来，致令人的问题也没有得到解决。西方文化今日面前所摆的问题是在人的方面。因人的方面未得到解决，反映转来，致令本是为人所成就的物，结果，反常成为人的桎梏，人的威胁。"正是这样，他认为，中国文化与西方文化发展至今天，都应当取对方之所长，补自己之所短，从而使人类的具有多样性的人性由"偏"的发展转向"全"的发展。他说："仁性与知性，道德与科学，不仅看不出不能相携并进的理由，而且是合之双美、离之两伤的人性的整体。"西方文化在现时代的转进，是"摄智归仁"，而中国文化在现时代的转进，则是"转仁成智"。两大文化都应力图通过不断接触互往、取长补短，由"偏"而"全"。徐复观强调，只有这样，才是人类文化最合理最健全的发展方向。

在徐复观看来，中国文化是完全有可能实现这一转进的。这是因为，儒家虽然没有成就科学，但决不反对科学；而且通过吸纳科学、发展科学，能够进一步满足、完善人自身的道德追求。他说："科学技术之进步而大大提高对物的创造能力，不仅不致像王阳明样格庭前之竹，格了三天格不通，会因此而致病；并且连宇宙的奥秘，如原子、量子等，皆可呈现于吾人之理解之前，以引发道德上新的问题，构造新的努力、新的成就，这将是孔、孟、程、朱、陆、王所欢欣鼓舞去学不厌、诲不倦的。"通过实现这一转进，中国文化将以健全的人性和崭新的面貌出现在世界各民族文化之林。这是中国文化之幸事，亦是世界文化之幸事。

总之，徐复观认为中国文化具有自己的特点与价值。正是这种文化的特殊的个性，使得中国文化完全有资格、有能力在世界文化中挺身站立起来，与其他民族的文化作正常的接触和交流，在当今世界显示出自己的存在价值和生命活力，以自己的智慧帮助现代人类更好地生存和发展。

第 5 章

消解形而上学的心学路向

在徐复观看来，既然中国文化所讲的价值，根源于、体现于人的生命活动之中，形成了向内开拓、向内求仁的路向，那么中国文化实际上是以心性论为中心展开的。他进而着重从心性论出发，深入揭示中国文化的精神。这种心学路向，本是熊十力学派的基本点，由熊十力奠定其基础，熊十力的弟子唐君毅、牟宗三、徐复观都是沿着这一路向来开展自己的思想的。徐复观与牟宗三、唐君毅、张君劢共同署名的《为中国文化敬告世界人士宣言》，即明确提出："心性之学，为中国之学术文化之核心所在。"在这一基本点上，徐复观鲜明地表现出熊十力学派的特点。特别是他与熊十力一样，都深受鄂东之地心学传统的影响。但另一方面，徐复观又不赞同熊十力、唐君毅、牟宗三诸师友以重建形而上学的方式来展开心学路向，而主张以消解形而上学的方式来展开心学路向，从而形成了现代新儒学内部的自我批判。这种消解形而上学的心学路向，成为徐复观新儒学思想的一大特色，也成为解读徐复观新儒学思想的一大关键。

"心的文化"

徐复观认为，对中国文化的个性加以归纳和总结，可发现中国文化的最大的特点，可以用"心的文化"这一概念来加以概括和表达。在20世纪60年代初，他写过一篇题为《心的文化》的文章，专门对"心的文化"这一概念作出阐释。在文章的开篇，他即旗帜鲜明地提出："中国文化最基本的特性，可以说是'心的文化'。"在他看来，只有认识和把握了这个特点，才能真正认识和把握中国文化的个性，也才能真正认识和把握中国文化。他正是由"心的文化"出发，来深入探讨中国文化的个性的。

徐复观指出，人必须确立他的最基本的立足点，才有信心，才有方向，才有归宿；否则便会感到漂泊、彷徨，没有力量，没有方向，没有归宿。而这一最基本的立足点，无疑只有靠探寻人生价值的根源问题来获得解决。人生价值的根源问题，是人生的最基本的问题，也是文化的最基本的问题。正是这样，在人类文化发展的过程中，古往今来的许多人都在寻求解决人生价值的根源问题。然而，对于人生价值的根源，人们存在着种种不同的看法：有的人认为是"神"，有的人认为是"天"，也有的人认为是"理念""绝对精神"之类的形而上的东西，还有的人认为是人与人相互间的利害及对环境刺激的反应。与这些见解都不相同，中国文化则认为，人生价值的根源在于人的自己的"心"。徐复观说："在中国文化中，有许多分歧而夹杂的东西；对人生价值根源的问题也有各种各样的解答。但是，从这个历程追到底，把其中的曲折夹杂去净，便可以简捷地说：中国文化认为人生价值的根源即是在人的自己的'心'。这个基本的肯定，除20世纪西方若干思想家正在作同样方向的努力，而尚未能'一针见血'之外，可说是中国文化的特性，是其他民族所没有的。"正是这样，徐复观十分赞赏王阳明的诗："人人自有定盘针，万化根源总在心。却笑从前颠倒见，枝枝叶叶外边寻。"他认为，这首诗可以说深刻地揭示了中国文化的这种特性。

　　然而，人们对于"心"可以作出不同的理解。中国文化所主张的"心"，是在什么意义上说的呢？徐复观指出："中国文化所说的心，指的是人的生理构造中的一部分而言，即指的是五官百骸中的一部分；在心的这一部分所发生的作用，认定为人生价值的根源所在。"在他看来，这一点早在孟子那里就已经提出来了。孟子以人之耳目为"小体"，因其作用小；以人之心为"大体"，因其作用大；但不论作用的大或小，耳目与心作为人身生理构造的一部分则是一样的。"仁义礼智根于心。"孟子的这句话，指明了道德的根源乃是人之"心"，乃是人的生命存在的自身，这也就揭示了人生价值的根源就在人自身的生命存在中。自孟子的这句话说出来以后，使人的原本看起来夹杂、混沌的生命顿时获得了照明，使每一个人都有了一个方向，都有了一个主宰，成为人生的基本立足点。而这种对生命的照明作用，并不是从外面、上面投向人的，而是人自身的生命存在中固有的。因此，自孟子以降，中国文化所讲的"心"，是与人的现实的生命存在联结在一起的，是内在于人的生命、主导于人的生命的人生价值的根源。

　　徐复观进一步说，这种作为人身生理构造一部分的"心"，是从哲学意义上讲的，并不是从科学意义上讲的，即不是从生理学、心理学等自然科学意义上讲的。中国文化强调"心"作为人身生理构造的一部分，是指"心"不能离开人的现实生命而存在，而不是要把"心"看作一种生理学、心理学意义上的人体器官。这里所说的"心"，是作为人生价值根源的"本心"，并不是一般人所说的心愿或心理学上所说的意识。"本心"所追求的是道德，而一般人所说的心愿与心理学上所说的意识则与欲望是分不开的。这种"本心"之"心"，既然不是从科学意义上讲的，不是从生理学、心理学意义上讲的，那么就与科学对于人的精神现象及物质载体的探讨无涉，与生理学、心理学的新近发展无涉。这也就是说："现代科学的发展，并不足以否定中国的心的文化。因为，问题不在于这种作用到底是心还是大脑，而是在于人的生理中，究竟有没有中国文化中所说的这种作用，亦即是有没有孟子所说的恻隐、羞恶、是非、辞让等作用。如果在生命之中，没有这种作用，则无话可说；如果我们确能体认出有恻隐之心、是非之心、羞恶之心、辞让之心，则证明在我们身上总有一处具有这种作用。"

徐复观又指出，从哲学意义上的"心"出发，可以发生不同的追求，其中最主要的追求有两个方面："心"的知性的一面追求知识，"心"的德性的一面成就道德。由此而来，学问大体上可分为两大界域：知性的知识活动，以物理为对象；德性的道德活动，以伦理为对象。前者属于实然的世界，后者属于应然的世界。两个世界，有其关联，但无必然的因果关系。道德未必能随知识而增高，知识亦不能随道德而俱进。在"心"的这两方面的追求中，西方文化主要是发展了追求知识的一面，中国文化主要是发展了成就道德的一面。"从心上面，从伦理方面来解决人类文化的问题，这本是中国文化两千余年以来开辟出的一条路。"在中国文化中，不是不要知识，而是知识对于道德的行为来说，只是处于辅助的地位、次要的地位、被动的地位，只是处于德性的印证和被选择的地位。

"形而中者谓之心"

从"心"是人身生理构造的一部分的认定出发，徐复观反对把"心"理解为一种形而上的存在，而提出"心的作用是由工夫而见"，强调"心"是在人们的现实生命的实践中、生活中呈现出来的。

针对《易传》中对"道"与"器"所作的"形而上"与"形而下"的区分，徐复观作了自己的解释。他说："《易传》中有几句容易发生误解的话：'形而上者谓之道，形而下者谓之器。'这里所说的'道'，指的是天道；'形'在战国中期指的是人的身体，即指人而言；'器'是指为人所用的器物。这两句话的意思是说在人之上者为天道，在人之下的是器物；这是以人为中心所分的上下。而人的心则在人体之中。假如按照原来的意思把话说完，便应添一句：'形而中者谓之心。'所以心的文化，心的哲学，只能称为'形而中学'，而不应讲成形而上学。"这种"形而中学"的提法，后来引起了人们的争议，一些学者认为难以成立，甚至以此为徐复观不懂哲学的证据。其实，徐复观的本意，无非是强调"心"不是外在于人之上的"道"，也不是外在于人之下的"器"，而就存在于人自身的现实生命之中；人生价值的根源，就在人自身的生命存在中，是人自身的生命存在所固有的，不是一种外在于人的形而上的东西。他说："人生价值的根源在心的地方生根，也即是在具体的人的生命上生根。"他是用"形而中"的"心"，来消解"形而上"的"道"，而把人生价值的根源置于人自身的生命存在之中。

既然"心"存在于人自身的现实生命中，那么"心"就与人的生命活动密切相关，与人的生命活动是融为一体的。因此，徐复观进而把"心的文化"归结为人的现实的活动、实践。他指出，中国文化并不迷恋于思辨玄想，而重视的是"践形""践履"等人自身的活动，认为通过现实的活动、实践，即可使"心"从人的其他生理活动及其欲望追求中摆脱出来，以自己的本来面目呈现出来。正是这样，在中国文化中，"本心"是离不开"工夫"的，"本心"与"工夫"是不可分的。用中国哲学家的话来说，这就是先要"克己"，先要"寡欲"，先要"无知无欲"，也就是通过"践形""践履"的"工夫"，才能使"心"的本性得以呈现。徐复观对此反复作了说明，指出："心的作用是由工夫而见，是由工夫所发出的内在经验。它本身是一种存在，不是由推理而得的（如形而上学的命题），故可以不与科学发生纠缠。""研究中国文化，应在工夫、体验、实践方面下手。但不是要抹杀思辨的意义。思辨必须以前三者为前提，然后思辨的作用才可把体验与实践加以反省、贯通、扩充，否则思辨只能是空想。"

从这个意义上看，徐复观认为，中国文化作为"心的文化"，是一种现实的文化，是一种实践的文化。离开了人的实践活动，是无法讲"心的文化"的。也正是这样，中国文化总是立足于现实、立足于实践去讲理想，而拒斥脱离现实、脱离实践去讲理想。

消解形而上学

从"心的文化"出发，徐复观指出：中国文化由于重视现实的生命存在，强调"心"是通过活动、实践、文化创造而呈现出来，因而与西方文化不同，并不具有形而上学的性格。他说："中国的心的文化，乃是具体的存在，这与信仰或由思辨所建立的某种形而上的东西，完全属于不同的性格。"

徐复观认为，中国文化的这一性格，是在中华民族的历史上通过"宗教的人文化"亦即"天的人文化"的历程所形成的。他说："一切民族的文化，都从宗教开始，都从天道、天命开始。但中国文化的特色，是从天道、天命一步一步地向下落，落在具体的人的生命、行为之上。"这个过程，从哲学上看，也就是对形而上学的消解过程，成为中国文化重现实生命、重生活实践的历史根据，也是理解中国文化强调"心"的活动、实践、文化创造的思想史前提。

徐复观强调，"天道""天命"的下落和道德人文精神的自觉，在孔子那里获得了质的飞跃。孔子虽然也讲"天""天道""天命"，但这些都是指"道"的客观性、普遍性、永恒性，并不意味着外在的神及其意志。而且，在孔子思想中，"天""天道""天命"等观念已都退居次要地位；只有"道"，才是孔子思想的中心范畴。孔子毕生所学所教的思想，可以用一个"道"字来加以概括。《论语》中有关"道"的论述很多，如"朝闻道"，"志于道"，"吾道一以贯之"，"夫子之道，忠恕而已矣"，"人能弘道，非道弘人"等。这些"道"有层次的不同，有方向的各异，尤其以用在政治上者为多，但追到最后，都具有共同的基本性格，即孔子所追求的"道"，不论如何推扩，必然是解决人自身问题的人道，而人道必然在"行"中实现。这就是说，"道"即意味着"行"，是由道路及在道路上行走发展起来的。因此，孔子所说的"道"，主要是指向生活、行为的意义，主要是指向人类行为经验的积累，而不是强调作形上的追求。

徐复观特别欣赏司马迁在《史记·太史公自序》中所引孔子言："我欲载之空言，不如见之于行事之深切著明也。"他觉得借用这句话，可以相当清楚地说明中国文化与西方文化对于形而上学的态度的不同。他说，"空言"是理论的、抽象性的概念语言，"见之于行事"是在行事中发现它所蕴含的意义及其因果关系。"载之空言"是希腊系统哲学家的思想表达方式，"见之于行事"是孔子思想的主要表达方式。孔子所涉及的问题，都有上下深浅的层次，但这些不是逻辑上的层次，而是"行"在开辟中的层次，是生命表现在生活中的层次。孔子思想的这种重实践、重经验、重生命的性格，不是思辨的，不是形而上学的。"把孔子的思想，安放到希腊哲学系统的格式中加以解释，使其坐上形而上的高位，这较之续凫胫之短，断鹤胫之长，尤为不合理。因为凡是形而上的东西，就是可以观想而不能实行的。"

徐复观认为，孔子由此而来，开辟了一个"内在的人格世界"。"所谓内在的人格世界，即是人在生命中所开辟出来的世界"。这个"内在的人格世界"，可以用孔子提出的一个"仁"字作代表。在这个世界中，将生理的我转化为道德的我，将客观知识转化为生命之德，使道德与知识得到统一，给人类以不断向上的启发。因此，徐复观又把"内在的人格世界"称为"道德有机体之人文世界"。他认为，孔子的这些努力，对以后的中国文化发展产生了深远影响。从孟子、荀子到程、朱、陆、王，可以说都是继续拓展着、丰富着孔子所开辟的"内在的人格世界"。在徐复观看来，这种对"内在的人格世界"的不断开拓，体现了中国文化的基本特质和精神。与之不同，"柏拉图的理型世界，黑格尔的绝对精神，只不过是思辨、概念的产物。宗教家的天堂，乃是信仰的构造。都与这里所说的内在的人格世界无关。"

徐复观认为，这种重现实生命、重生活实践的性格，不仅儒家具有，而且道家也具有。在他看来，道家与儒家一样，都是出于忧患意识的，只是儒家是面对忧患而要求加以救济，道家则是面对忧患而要求得到解脱。因而，进入儒家精神中的现实世界，是多苦多难的人间世界；而进入道家精神中的现实世界，则是自然而然的自然世界。儒家把人生安放在现实的人间世界中，道家则把人生安放在现实的自然世界中。与儒家把人生安放在现实的人间世界中需要"工夫"一样，道家把人生安放在现实的自然世界中也需要"工夫"，这就是庄子所讲的"心斋""坐忘""无己""丧我"。在这里，道家似乎是否定了人生的价值，但实是在否定人生价值的一面——道德追求之后，又肯定了人生价值的本质的另一面——精神自由。道家所追求的自然世界，固然有使精神得解脱的趋向，但同样也为仁义道德提供了自由出入之地，最终还是安放得下仁义道德的。因此，徐复观说："我研究中国思想史所得的结论是，中国思想，虽有时带有形上学的意味，但归根到底，它是安住于现实世界，对现实世界负责；而不是安住于观念世界，在观念世界中观想。"

现代新儒学的自我批判

徐复观的消解形而上学的心学路向，既体现了与熊十力学派的内在联系，也体现了熊十力学派的内在紧张，从而构成了现代新儒学的自我批判。

在看重人的生命存在时强调"心"的作用和意义，以"体用不二"来说明"心"的存在，并由此来解读中国文化的特质和精神，可以说是熊十力学派的一个鲜明的特点。熊十力认为，本体即"本心""仁心""宇宙的心"。这种本体，是通过功用、现象呈现出来的。而本体现为大用，必有"一翕一辟"。其中，"翕"即"物"，是被动的；"辟"即"心"，具有主动性。然而，"翕"与"辟"又是不可分离的。"翕"与"辟"的联系及相互作用，就在于"辟"运转"翕""心"推动"物"，由此而呈现"辟"、呈现"心"，使之由潜能而逐渐转化为现实。这种"一一物各具之心"，就是"仁心""本心""宇宙的心"在"用"中的体现。"仁心""本心""宇宙的心"，不是一种实体性的存在，而呈现于"一一物各具之心"中，呈现于"一翕一辟"的功用中。"一一物各具之心"即是"宇宙的心"，"宇宙的心"即是"一一物各具之心"。后来，牟宗三讲"心体"与"性体"以建立"道德的形上学"，唐君毅讲"生命存在"与"心灵境界"以建立"心通九境论"，可以说都是沿着熊十力的这一思想进路展开的。

从对于"心"的重视及其强调"心"不离活动、实践、文化创造这一意义上看，徐复观讲"心的文化"，确实是承继、体现了熊十力学派的这一思想特点。但是，徐复观从"心的文化"出发来解读中国文化的特质与精神，得出了不同于熊十力、牟宗三、唐君毅的结论。熊、牟、唐讲"心"，在于反对把本体与现象二分，强调本体即主体自身的主动性、创造性、实践性，由此来重建中国哲学本体论，昭示中国文化的精神。而在徐复观看来，既然中国文化是"心的文化"，而"心"是通过活动、实践、文化创造呈现出来的，那么中国文化的真精神就存在于现实的人文化成之中，而不是形而上学所能昭示的。用形而上学来昭示中国文化的精神，正是背离了中国文化的精神。因此，徐复观讲"心"，强调的是消解形而上学，而不是重建哲学本体论。在这一点上，徐复观与他的师友们又呈现出很大的分歧。对于熊十力诸师友重建形而上学的基本思路，徐复观提出了批评。

徐复观首先肯定了熊十力创建"新唯识论"体系对中国哲学的贡献，认为："此一系统的成立，乃由他深刻地体会与严密地思辨，交相运用，将宇宙人生的根本问题，分析到极其精微而无深不入，综合到极其广大而无远不包，结构谨严，条理密察，使其表达之形式，能与其内容，融合无间。"但他又尖锐指出，用这种形而上学的方法讲中国文化和中国哲学，"却是反其道而行，要从具体生命、行为，层层向上推，推到形而上的天命、天道处立足，以为不如此，便立足不稳。没有想到，形而上的东西，一套一套的有如走马灯，在思想史上，从来没有稳过。"因此，熊十力诸师友虽对中国文化作过很大贡献，但由于他们把中国文化发展的方向弄颠倒了，对孔子毕竟隔了一层，难以真正揭示中国文化的性格与精神。在徐复观看来，就体现中国文化精神的意义上讲，熊十力的《十力语要》及《读经示要》，较之《新唯识论》的意义更为重大。在这两部书中，熊十力对古人紧要的语言层层透入，由文字以直透入古人之心；而其文字表现的天才，又能将其所到达者完全表现出来。因此，他强调："学者必须在熊先生这两部书中把握中国文化的核心，也由此以得到研究中国文化的钥匙。"

进一步，徐复观提出对于中国文化的理解应当直接回归到孔子的思想性格，回归到最能体现孔子思想的原典《论语》。他在晚年写了《向孔子的思想性格回归》一文，旗帜鲜明地提出了这一观点。他指出，儒学是中国文化的主流，孔子是由古代文化的集大成而奠定儒学的基础，《论语》是研究孔子的最可信的材料，这是得到许多人所共许的。但现代谈中国哲学史的人，几乎没有人能从正面谈孔子的哲学，更没有人能从《论语》谈孔子的哲学。虽然这些先生不公开贬斥《论语》，但心里并瞧不起《论语》，认为《论语》里面形上的意味太少，不够"哲学"。这种心态，在熊十力、唐君毅身上也同样存在。熊很少谈《论语》；唐晚年似有回转，在独立以后的新亚研究所开设《论语》课，但没有亲自讲授，而是由他的一位学生代讲。正是这样，他们难以体悟到以儒学为主流的中国文化的真精神，总是通过重建形而上学来讲中国文化，结果适得其反。因此，徐复观指出："从宋儒周敦颐的《太极图说》起，到熊师十力的《新唯识论》止，凡是以阴阳的间架所讲的一套形而上学，有学术史的意义，但与孔子思想的性格是无关的。"他进而强调："今日中国哲学家的主要任务，是要扣紧《论语》，把握住孔子思想的性格，用现代语言把它讲出来，以显现孔子的本来面目，不让许多浮浅不学之徒，把自己的思想行为，套进《论语》中去，抱着《论语》来糟蹋《论语》。"

徐复观对形而上学的消解，以极其尖锐的形式对熊十力学派乃至整个现代新儒家的发展方向提出了诘难，并非故作惊人之语，而自有其深刻的原因。

在20世纪中国哲学发展中，现代新儒家，特别是熊十力学派，对于重建中国哲学本体论作出了重要的努力。自梁漱溟提出生命本体论的基本构想，经过熊十力的"新唯识论"、冯友兰的"新理学"、贺麟的"新心学"，再到牟宗三的"道德的形上学"、唐君毅的"心通九境论"，现代新儒学诸大家一步步把重建中国哲学本体论的工作推向深入，取得了重要的思想创获。这一工作的意义及其创获，归结起来主要有两点：其一，重建了民族的智慧。现代新儒家对于本体论的思考和探讨，深刻地反映了作为哲学家的新儒家在 20 世纪中国历史大变动中的自我体验和生命感受，对祖国前途、人类命运的关心和贞下起元、复兴民族的希望。在他们所建构的本体论中，融入了他们的情感，灌注了他们的理想，包含了他们对于国运时局的理解、对于中国现代化道路的选择。因此，现代新儒家关于本体论的探讨固然抽象，但这种探讨本身却是富有生命力的。其二，复兴了中国哲学。就中国哲学的自身发展说，现代新儒家对于本体论的思考和探讨更显示出一种必要性和合理性。由于中国哲学的思维特点和历史特点，在传统中国哲学中缺乏与西方哲学相类似的建构思辨形而上学体系的传统，这使得近百年来不少学人面对西方哲学的体系建构和巨大影响而自愧不如。从梁漱溟、熊十力到牟宗三、唐君毅，经过现代新儒家两代哲人的不懈努力，终于创造出了中国人自己的融会古今中西哲学的形而上学体系，并通过这种体系批判西方哲学之短，昭显中国哲学之长，由此而显示出中国哲人的智慧和原创性，推进了中国哲学的现代化进程，也吸引了一批批中国哲学的后继者。正是这样，现代新儒家经过近 80 年的发展，由少数的几个人而成为 20 世纪中国哲学史上最有影响力的思潮之一，至今犹盛而不衰。如果现代新儒家不是作为哲学家而只是作为文化保守主义者在 20 世纪中国思想舞台出现，不是立足于探讨本体论问题而只是关心中西文化问题，他们的成就和影响一定不会有今日之大。

然而，从现实的生活世界看，现代新儒家的形上追求和本体建构又确实有一种疏离之感。现代新儒家、特别是熊十力学派，尽管在重建本体论中强调把本体还原为现象，强调本体与人的现实生命，与人的活动、实践、文化创造的联系，但却未能解决本体论与现实生活打成一片的问题。这就使现代新儒家重建本体论的工作面临困境。严格来说，这种本体论与现实生活之间的矛盾，并不是现代新儒家所独有的，而是一切形而上学都不可避免的，是与形而上学的本性与思维特点相联系的。因此，可以说，只要有形上的追求和本体的建构，就会存在与现实的生活世界的疏离。然而，在这种形上的追求和本体的建构中，必然有着对现存社会批判的成分和对现实人生关怀的内容，这又要求形上的追求、本体的东西最终要回到现实的生活世界中来，这就提出了本体论与现实生活打成一片的问题。所以，本体论与现实生活打成一片的问题，实质上是由本体论的追求理想和指向现实这两重功能引起的，是本体论存在的内在矛盾，亦是本体论发展的内在动力。尽管使本体论与现实生活打成一片，就 20 世纪的哲学发展看，还不可能得到比较合理的解决，而作为一个哲学问题，在未来也不可能有最终的答案，但这种要求确实反映了当今哲学发展的趋向。在今后的哲学发展中，哲学家们将环绕这个问题作反复的逐步深入的探寻，并通过这种探寻推进哲学的发展。而具体到现代新儒家的重建本体论工作，从梁漱溟、熊十力到牟宗三、唐君毅，其体系越来越完善，其哲理越来越深邃，其规模越来越宏大，终不免在一步步把形而上学推向深刻的同时，又一步步把本体论局限于由逻辑与思辨建构的过分精致而牵强的象牙之塔中，与中国人的现实的生活世界越隔越远。尽管现代新儒家的形上义理在哲学家的圈子里影响日盛，但对于社会生活与广大民众来说是没有什么影响的。

正是在这种情况下，徐复观一反现代新儒家、特别是熊十力学派的重建中国哲学本体论的方向，要求消解形而上学，把哲学重新拉回到现实生活中来。从这个意义上看，徐复观的消解形而上学的思想具有合理性。这就是说，哲学如果只讲理想而疏离现实，只讲抽象思辨而疏离生活世界，这种理想和抽象思辨不仅对人类生存无所帮助，而且自身也会失却生命活力。与牟宗三、唐君毅相比，徐复观不是一个纯书生型的思想家，他没有把自己的思想关闭在形而上学的象牙之塔中，而是让自己的思想在东方与西方、历史与现实、学术与政治之间呼啸着纵横驰骋，通过大量的思想史论、时政杂文来表达自己的理想和希望，来显示自己的精神追求。在面向现实把握中国文化的精神这一点上，他远远地超过了自己的师友，自有独到中肯之处。

当然，徐复观断然否定形而上学，也有其理论上的缺陷。这是因为，形而上学毕竟在哲学中占有其不可替代的重要地位。20世纪中国哲学的发展历史证明，重建民族智慧、复兴中国哲学，是与对本体论的探讨相联系的。这也是现代新儒家哲学值得肯定的方面。尽管这一工作也存在不足，面临困境，但不能因此而简单否定现代新儒家重建哲学本体论的意义。可以说，离开了对本体论的探讨，哲学将会变得枯燥而贫乏，许多问题（如认识论问题）亦难获得解决。诚如黑格尔所说："假如一个民族觉得它的国家法学、它的情思、它的风习和道德已变为无用时，是一件很可怪的事；那么，当一个民族失去了它的形而上学，当从事于探讨自己的纯粹本质的精神，已经在民族中不再真实存在时，这至少也同样是很可怪的。……一个有文化的民族竟没有形而上学——就像一座庙，其他各方面都装饰得富丽堂皇，却没有至圣的神那样。"

但是，徐复观提出的问题的确是值得认真反思的。它实际上涉及现代新儒家重建哲学本体论的一些带根本性的问题：本体论怎样才能更好地同现实生活联系起来，从而更富有生命力？中国哲学本体论怎样才能更多地汲取中国文化、中国哲学的特点，从而更本质地把握和体现中国文化、中国哲学的真精神？这些问题，大概不是 20 世纪中国哲学家所能立即解决的，而是 21 世纪中国哲学本体论发展所面临的重大课题。从现代新儒家哲学发展看，形上的追求和现实的生活世界两个方面对于哲学来说都是必要的、重要的。中国哲学的发展，不能缺乏形上的追求，也不能远离现实的生活世界。这样一来，如何在形上的追求与现实的生活世界之间选择哲学的位置，就成为未来中国哲学发展必须关注和思考的重要问题。对这个问题的探讨，将决定未来中国哲学的思维空间和发展趋向。当然，这个问题并不易解决，也不可能最终解决。但不管怎样，这个问题是 20 世纪中国哲学家留给 21 世纪中国哲学家作进一步思考和探讨的真正的哲学问题之一。而对于这个问题的反复思考和不断探讨，将推动着未来中国哲学的更大的发展。正是这样，近年来徐复观的消解形而上学思想开始受到人们的新的重视。著名台湾学者韦政通即指出："假如我们不希望当代新儒家的影响，仅局限于学院和少数知识分子，而希望深入社会大众和日常生活，这将是必须面对的问题。在这个问题之前，我觉得徐复观先生《向孔子的思想性格回归》的呼声，对儒家发展的现阶段，的确有一番新义，值得我们重新体会。"

第6章

中国道德精神的阐扬

徐复观强调，中国文化的性格是重现实生命的，是重生活、实践、文化创造的，而对中国文化的精神的把握，不在于重新建构形上儒学体系，而在于回到中国人的现实生命活动中去，回到中国人的文化创造中去。正是这样，他以对中国文化作"现代的疏释"为自己治学立言的重心，用他的话说："我所致力的是对中国文化作'现代的疏释'。……在我心目中，中国文化的新生，远比个人哲学的建立更为重要。"这种对中国文化的"现代的疏释"，包括了对中国文化的道德精神、艺术精神和史学精神的疏释。而对中国文化的道德精神的阐释，则成为这一疏释工作的第一个逻辑环节，并由此而诞生了他的第一部学术专著——《中国人性论史·先秦篇》。《中国人性论史·先秦篇》出版于 1963 年，是徐复观的第一部学术专著。这一年，恰值他的耳顺之年，也是他的学术思想渐趋成熟之时。

"忧患意识"：中国道德精神的建立

在《中国人性论史·先秦篇》中，徐复观首先对中国道德精神的发生问题进行了深入考察，创造性地提出了"忧患意识"概念，来概括中国道德精神的建立，凸显中国道德精神的特点。

徐复观认为，一切民族的文化都从宗教开始，都从"天道""天命"开始。在这一点上，中国文化也是如此，没有例外。中国文化的独特处，在于它的宗教中很早就被注入了自觉的精神，开始了"宗教的人文化"亦即"天的人文化"的历程，使得它从"天道""天命"一步一步地向下落，落在具体的人的生命、行为之上。这一历程是自商周之际开始的。从甲骨文来看，商人的精神生活还未能脱离原始性的宗教，他们的行为是通过卜辞而完全决定于外在的神——祖宗神、自然神及上帝。周人的贡献，则在于在传统的宗教生活中，注入了自觉的精神，把文化在器物方面的成就提升而为观念方面的展开，以启发"中国道德的人文精神"的建立。周人的宗教，虽然仍属于商人的系统，但在周初的领导人物中，却可以看到一种新精神的跃动。这种跃动着的新精神，徐复观称之为"忧患意识"。

对于"忧患意识"，徐复观在《中国人性论史·先秦篇》中作了一段经典性的表述。他说："周人革掉了殷人的命（政权），成为新的胜利者；但通过周初文献所看出的，并不像一般民族战胜后的趾高气扬的气象，而是《易传》所说的'忧患'意识。忧患意识，不同于作为原始宗教动机的恐怖、绝望。一般人常常是在恐怖绝望中感到自己过分地渺小，而放弃自己的责任，一凭外在的神为自己作决定。在凭外在的神为自己作决定后的行动，对人的自身来说，是脱离了自己的意志主动、理智导引的行动；这种行动是没有道德评价可言，因而这实际是在观念的幽暗世界中的行动。由卜辞所描出的'殷人尚鬼'的生活，正是这种生活。'忧患'与恐怖、绝望的最大不同之点，在于忧患心理的形成乃是从当事者对吉凶成败的深思熟考而来的远见；在这种远见中，主要发现了吉凶成败与当事者行为的密切关系，及当事者在行为上所应负的责任。忧患正是由这种责任感来的要以己力突破困难而尚未突破时的心理状态。"这段话是徐复观对"忧患意识"所作的最基本和最集中的阐释，十分清楚地说明了"忧患意识"的发生、内涵及意义。在他看来，"忧患意识"蕴蓄着一种坚强的意志和奋发的精神，使中国人由原来的对于神的依赖转向对自己的信赖，表现出一种人的精神的自觉。因此，它实是一种不同于传统宗教精神的新精神。可以说，"忧患意识，乃人类精神开始直接对事物发生责任感的表现，也即是精神上开始有了人的自觉的表现"。这种新精神的发生，就是徐复观所说的"中国道德的人文精神"的建立。在这里，中国道德精神的建立与中国人文精神的跃动实是相互包蕴而融为一体。这是中国道德精神的特点，也是中国人文精神的特点。

徐复观进而指出，在"忧患意识"的影响之下，周人开始走出传统的以外在神为中心的宗教观念，把人的信心的根据由对于神的依赖转移向自己本身行为的谨慎与努力，建立了一个由"敬"所贯注而强调"敬德""明德"的新的观念世界，以人的道德精神的自觉，来照察、指导、规范人自己的行为，对人自己的行为负责。这种"敬"的观念，与宗教的虔敬相比，近似而实不同。"宗教的虔敬，是人把自己的主体性消解掉，将自己投掷于神的面前而彻底皈归于神的心理状态。周初所强调的'敬'，是人的精神由散漫而集中，并消解自己的官能欲望于自己所负的责任之前，凸显出自己主体的积极性与理性作用。"在这种情况下，"天命"由宗教的意义逐渐向道德的意义转化，成为人们可以通过自己的行为加以了解、加以把握的人类合理行为的最后保障。这种道德精神的自觉，凸显出中国文化重人的活动、重人的实践的性格，而不是一种重知识、重思辨的性格。正是这样，徐复观说："周人的哲学，可以用一个'敬'字作代表。"在这个"敬"字上，深刻地体现了中国道德精神在周代的进一步展开。

在徐复观看来，周人的"忧患意识"的提出，不仅建立了中国道德精神，而且由之奠定了中国精神文化的基型，对以后中国文化的发展产生了极其深刻的影响。要真正理解中国文化，就离不了对"忧患意识"的理解。

徐复观通过"忧患意识"概念，以巨大的历史感和深刻的理论性，揭示了中国文化自身的特点和优点。正是这样，"忧患意识"概念一经提出，便产生了广泛而深远的影响。牟宗三就认为："这是一个很好的观念，很可以藉以与耶教之罪恶怖栗意识及佛教之苦业无常意识相对显。"他在《中国哲学的特质》一书中，即以"忧患意识"来揭示中国哲学的特质，指出："中国哲学之重道德性是根源于忧患的意识。中国人的忧患意识特别强烈，由此种忧患意识可以产生道德意识。"今天，"忧患意识"已经成为一个重要概念，为海峡两岸的中国人普遍使用，并在使用中赋予了"忧患意识"以更丰富的内涵。在现代新儒家提出的诸多概念中，大概还没有一个能像"忧患意识"这一概念在海峡两岸产生如此深刻、如此巨大的影响。

"为己之学"：中国道德精神的展开

从"中国道德的人文精神"的建立出发，徐复观进而对中国道德精神的展开进行了考察。在这方面，他掂出了"为己之学"四字来概括中国道德精神的展开。

在徐复观看来，西方文化中的道德精神是知识型的和宗教型的。在西方文化中，一方面知识走在道德的前面，不仅追求知识成为希腊文化的主流，而且近代欧洲伦理学亦主要立基于知识之上，使哲学家常常顺着知识去找道德的根源；另一方面宗教的罪孽感占有十分重要的地位，形成了基督教的原罪观念，要求人们厌离生命、现世、物欲，追求出世超俗的天国。中国道德精神既不是知识型的，也不是宗教型的。中国文化也讲向外向客观求知，但求知是为了了解自己、开辟自己、建立自己，从而向自身生命、生活上回转，达到合主客观为一，贯通知识与道德为一。因而，在中国文化中占主导地位的不是追求自然界的纯知识的"逐物之学"，而是立足于人自身生命、生活的重道德的"为己之学"。由于中国文化重视人自身的生命，因而也就肯定了现世的价值，对现世只有无穷的责任感而欲加以改造，并没有任何罪孽感而要加以厌离，放弃对现世的责任才是罪孽。中国文化的罪孽感比一般宗教要轻微得多。如果说西方道德精神开辟的是一个"客观的人文世界"，那么中国道德精神开辟的则是一个"内在的人格世界"。

在《中国人性论史·先秦篇》中，徐复观以先秦人性论史为主线，对这一"内在的人格世界"的开辟进行了深入考察，揭示了中国道德精神展开的进程与内涵。

徐复观指出，早在《诗经》时代，中国人就已经有了很多道德观念，一方面以此作为对人的行为的要求，一方面也以此作为评定某一阶层人物的标准。到了春秋时代，随着"天的人文化"的推进，人们已将"天""天命"由原来的人格神的性格转化为道德法则的性格，将过去的"天""帝"这些最高主宰者下落为一般的鬼神并赋予他们以道德的规定，提出了代表人文世界的"礼"的观念。可以说，春秋时代是以"礼"为中心的人文世纪。但是，"礼"的观念仅表现为外面的知识、行为，只能代表一种"客观的人文世界"，还不能算有意识地开辟了一种"内在的人格世界"。

什么是"内在的人格世界"呢？徐复观说："所谓内在的人格世界，即是人在生命中所开辟出来的世界。在人生命中的内在世界，不能以客观世界中的标准去加以衡量，加以限制；因为客观世界是'量'的世界，是平面的世界；而人格内在的世界却是质的世界，是层层向上的立体的世界。"他进而指出，如果说代表"客观的人文世界"的是"礼"，那么代表"内在的人格世界"的则是"仁"。只有经过孔子的创造，才将"礼"安放于内心的"仁"之上，才将这种"客观的人文世界"转变为"内在的人格世界"。孔子的这一转变工作包括两个方面的内容：一是对传统意义的鬼神观念加以改造与转换，一是对传统意义的"天""天命""天道"观念加以改造与转换。对这两个方面的改造与转换，孔子采取了不同的态度。

徐复观认为，对于传统的鬼神观念，孔子虽未公开加以反对，但却很明显地将其排斥于自己的学问教化之外，而以"义"来代替一般人对鬼神的依赖。"义"是人事之所当为，亦即礼之所自出。强调"义"，也就是强调人自身的作用和价值。至于鬼神祭祀这种风俗，孔子在知识上不能证明其必有，也不能从知识上证明其必无，而主张将其改造为对祖先的孝敬，以表示自己的诚敬仁爱之德，更由此而将报本反始、崇德报功发展为祭祀的中心意义，使人通过祭祀，把自己的精神与自己的生之所由来和生之所由遂联系在一起。在孔子这里，祭祀实质上不再是宗教性的活动，而已改造为道德性的活动，即通过祭祀活动，每一个人的以自己为中心的自私之念得到一种澄汰与纯化。《论语》上所说的"祭如在，祭神如神在"中的"如"，"敬鬼神而远之"中的"敬"与"远"，都是对这种精神状态的描写和说明。

徐复观又认为，对于传统意义的"天""天命""天道"观念，孔子则将其由外在的抽象的存在转化为内在的具体的存在。孔子的所谓"天""天命""天道"，用最简捷的语言表达出来，实际是指道德的超经验性格而言。正因为道德具有超经验性格，所以才具有普遍性、永恒性；这种道德的普遍性、永恒性，在当时只能用传统的"天""天命""天道"这些观念来加以征表。因而道德的普遍性、永恒性，正是孔子所说的"天""天命""天道"的真实内容。但孔子的意义，并不在于指出了道德的超经验性格及由此而产生的普遍性、永恒性，而在于揭示了这种超经验的道德与人的现实生命的内在联结。这就是孔子所说的"知天命"。这个"知"，不是对经验世界的"认知"，而是对超经验性格的"证知"。孔子在不断地"下学而上达"的过程中，从经验的积累中，从实践的上达中，证知了道德的超经验性，亦即他所说的"天""天命""天道"，从而使这些超经验的道德进入自己生命的根源里面，使他常常感到自己与"天"的亲和感、具体感和对"天"的责任感、使命感，感到"天""天命""天道"与自己的生命联结在一起。这种人的具体生命存在与"天""天命""天道"的联结，实际即"性"与"天""天命""天道"的联结。"性"与"天""天命""天道"的联结，也就是在人的血气心知的具体性质里面体认出它有超血气心知的性质，使"天""天命""天道"成为可以为人所把握的有血有肉的存在。这就从人的具体生命存在中开辟出"内在的人格世界"。这种"内在的人格世界"的完成，也就是人的完成。孔子把"性"与"天""天命""天道"联结在一起的道德内容，是比"义"更深一层的"仁"。"仁"是人的自觉的精神状态。它包括两个方面：一方面是对自己人格的建立及知识的追求发出无限的要求，另一方面是对他人毫无条件地感到有应尽的无限的责任。简言之，"仁"是要求"成己"同时"成物"的精神状态。这种精神状态，是一个人努力于学的动机、方向和目的。同时，这种精神状态落实于具体生活行为之上的时候，即是"仁"的一部分的实现，而对于整体的"仁"而言，则又是一种功夫、方法。在孔子看来，"仁"内在于每一个人的生命之内，是每一个人之所以为人的最根本的规定，既是先天所有的人性，又不断地突破生理的限制而作无限的超越。从这种先天所有而又无限超越的意义上讲，以"仁"为内容的人性实同于传统意义的"天""天命""天道"。这样一来，"礼"在人自身找到了存在的根据，即孔子所说的"人而不仁，如礼何"。这也就使"客观的人文世界"转化为"内在的人格世界"。人只有发现自身有此一世界，然后才能够自己塑造自己，自己完善自己，把自己从一般动物中提升起来，使自己的生命力作无限的扩张与延展。这个"内在的人格世界"，成为人生价值的无限泉源。与之相比，柏拉图的理念世界、黑格尔的绝对精神，只不过是思辨的产物；宗教家的天堂，只不过是信仰的构造。因此，"仁"是融合"性"与"天""天命""天道"的真实内容。孔子对于"仁"的开辟，不仅奠定了尔后正统人性论的方向，而且也由此而奠定了中国正统文化的性格。

徐复观指出，孔子之后，《中庸》进一步解决孔子的伦常之教和"性与天道"的关系。在孔子提出的"性与天道"的问题中，实际上包含了两个问题：一是"性"与"天道"究竟是如何连贯在一起的？二是实践性的伦常之教与"性与天道"又是如何连贯在一起的？《中庸》的第一句话"天命之谓性"，回答了第一个问题。所谓"天命之谓性"，绝非只是把已经失落的古代的天人关系安放在道德的基础之上，予以重建；更在于使人感觉到自己的"性"是由"天"所命，自己与"天"有着内在的关联，与"天"是平等的，"天"的无限价值即具备于自己的"性"之中。正是这样，每个人在生命的自身，在生命活动所关涉到的现世，即可以实现人生的崇高价值。这便可以启发人们对现实生活的责任感，鼓励并保证人在现实生活中的各种向上努力的意义。《中庸》的第二句话"率性之谓道"，回答了第二个问题。所谓"率性之谓道"，是说顺着人性向外发而为行为即是"道"。这意味着"道"即含摄于"性"之中，"性"以外无所谓"道"。人性不离开生命而存在，也不离开生活而独存，所以顺"性"而发的"道"，是与人的生命、生活相联结的，其性格自然是中庸的。在这里，孔子的中庸之道具有双重的意义：一方面，它是每一个人的"庸言""庸行"，是经验性的东西；另一方面，它又是与"性与天道"相联结、相贯通的，具有超经验的性格。也就是说，中庸之道在被限定之中，即含有破除限定的无限超越的性格。因此，中庸是任何人可以当下实现的，并不须留待彼岸或来世，但又是任何人不能当下完成的，而必须通过无穷的努力。"显天命于中庸之中，这才是孔子学问的基本性格。"

徐复观进而指出，《中庸》讲的"天命之谓性"的"性"，自然是善的。但直到孟子才正式提出性善说，明确地规定"性善"便是"心善"。在孟子看来，"心"之所以与耳目之官不同而为善，在于耳目之官不"思"，而心之官则"思"。"思"

包括反省与思考两重意思。孟子特别重视反省这一重意思，认为"心"一经反省，所具有的仁义礼智之端便直接呈露，每一个人都可以在自己的心上当下认取善的根苗。这种"心善"，尽管只是善端，但却有无限的生命力，只要做到"存其心，养其性"，便会作无限的伸长、扩充。善端的伸长、扩充，不仅是扩大精神的境界，而且要见之于生活的实践。孟子讲的"老吾老，以及人之老；幼吾幼，以及人之幼"以及政治上的所谓"推恩"，都是生活上具体的扩充方式。这种对善端的不断伸长、扩充，孟子称之为"尽心"。能够"尽心"，便知道人之所受以生的"性"，因为"性"即在人的"心"之中。相反，如果不能够"尽心"，则人之所受以生的"性"，潜伏而不显。因此，唯有"尽心"才可以"知性"。而"性"在其"莫之致而至"这一点上，是由超越的"天"所命的。因此，"尽心"也就"知天"。在这里，"'尽心'，不是心有时而尽，只是表示心德向超时空的无限中的扩充、伸展。而所谓性，所谓天，即心展现在此无限的精神境界之中所拟议出的名称。"也就是说，"心之外无性，性之外无天"。这就使古代的宗教之"天"，完全转化为人的德性的扩充；人在自身的德性之外，无处可以安设宗教的偶像。经过这一转化，任何原始宗教的神话、迷信，皆不能在中国人的理智光辉下成立。这样一来，孟子在生活经验中发现了"心"独立自主的活动，乃是人的道德主体之所在，从而不仅使人能够自己发现自己，自己完善自己，而且提供了人与人相互信赖的根据，提供了人类向前向上发展的根据。这就形成了中国人的道德的人文世界。"所以孟子性善之说，是人对于自身惊天动地的伟大发现。有了此一伟大发现后，每一个人的自身，即是一个宇宙，即是一个普遍，即是一个永恒。可以透过一个人的性，一个人的心，以看出人类的运命，掌握人类的运命，解决人类的运命。每一个人即在他的性、心的自觉中，得到无待于外的、圆满自足的安顿，更用不上夸父追日似的在物质生活中，在精神陶醉中去求安顿。这两者终竟是不能安顿人的生命的。"因此可以说，"儒家发展到孟子，指出四端之心，而人的道德精神的主体，乃昭澈于人类尽有生之际，无可得而磨灭"。

通过对中国道德精神形成与发展的考察，徐复观从中概括出中国文化发展的一个总特点："中国文化发展的性格，是从上向下落，从外向内收的性格。由下落以后而再向上升起以言天命，此天命实乃道德所达到之境界，实即道德自身之无限性。由内收以后而再向外扩充以言天下国家，此天下国家实乃道德实践之对象，实即道德自身之客观性、构造性。从人格神的天命到法则性的天命，由法则性的天命向人身上凝集而为人之性，由人之性而落实于人之心，由人心之善以言性善，这是中国古代文化经过长期曲折、发展所得出的总结论。"这也就是说，中国文化是一种重现实世界而非重形上世界的文化，是一种重自身生命存在而非重外部自然世界的文化。在徐复观看来，不仅儒家思想是沿着这一主线而展开的，而且道家思想最后也归向这一主线。特别是庄子讲的"心"之"虚""静""明"，实与儒家讲的"心"之"仁"相通，最终实现的是人的内在世界的开辟、完善，落实在"成己"与"成物"的实践上。正是这样，徐复观把儒、道两家的学问都称为"为己之学"，在他即将辞世前所完成的最后一篇论文《中国思想史论集续编自序》中就强调："以'为己之学'，贯通孔、孟、程、朱、陆、王学脉，老、庄对知识与人生态度与儒学异，但其学问方向亦与此相通"，并感慨地说："此乃余最后体悟所到，惜得之太迟，出之太骤，今病恐将不起，以未能继续阐述为恨。"

中国道德精神的现代意义

对于中国道德精神，徐复观不仅着重从源流上加以阐释，而且努力发掘其现代意义。在他看来："在人的具体生命的心、性中，发掘出道德的根源、人生价值的根源，不假藉神话、迷信的力量，使每一个人能在自己一念自觉之间，即可于现实世界中生稳根、站稳脚，并凭人类自觉之力，可以解决人类自身的矛盾，及由此矛盾所产生的危机，中国文化在这方面的成就，不仅有历史的意义，同时也有现代的、将来的意义。"对于现代人类来说，自身最大的矛盾以及由此而产生的危机，无疑是以西方近现代文化为标本的全球性现代化运动所带来的现代性困境。这个矛盾及其危机，依靠西方文化自身的发展是难以解决的。倒是中国道德精神，在这个方面显示了自己的智慧、意义与价值。因此，面对现代化进程及其标志这一进程的"科学"与"民主"，中国道德精神不仅没有成为过时的死东西，反而再度呈现出旺盛的生机与活力。徐复观对于中国道德精神的阐释，其用心与追求的归结，正在于将这种智慧、意义与价值揭示出来，指出"科学"与"民主"离不开中国道德精神的支撑，以帮助现代人类走出现代化运动所带来的现代性困境。

先看"科学"。徐复观认为，科学文化是现代文化的指标。特别是 20 世纪，更是科学技术大发展的时代。因为新物理学的发展，进一步探索出了许多宇宙中的秘密，所以第二次世界大战以后，科学技术进步的速度，连 20 世纪初的人想象也不容易想象得到。但是，这种进步增加了人的知识能力，却并不一定能增加人的安全和价值，所以便形成所谓"危机的世纪"。而危机的根源，就在于西方近现代文化过分重视了知识，其道德精神也是知识型的，以致最后成就了知识，而忽视了仁爱；推动了科技的发展，却失落了道德。科学技术虽然代表人性的一方面，但只能产生达到理想的工具，而不能产生理想；人类的理想，只能由人性的另一方面——道德、艺术产生。因此，道德的没落，必会引起知识的混乱，导致科技文明成为人类的异化力量。在这方面，中国道德精神为现代人类提供了宝贵的启示，昭示了道德的这种根源性质。正是这样，徐复观对于美国生物学家西诺特所提出的"一面提高宇宙与人生的交流，一面恢复人之所以为人的本来面目"的观点十分赞赏，高兴地说："中国在周初已觉悟到人的问题的解决，应当由宗教的祈祷转向道德的行为。而通过人在道德上的自觉，以建立天人、群己的谐和一致的关系，正是中国文化一贯的努力。西诺特似乎也正探索向这一方向。"在他看来，西诺特的观点正是中国道德精神有益于解决科技文明困境的一个明证。

再看"民主"。徐复观认为，在中国传统文化中、特别是儒家思想中虽然已孕育了民主的思想，但毕竟没有产生出民主的政治制度；而只有民主政治，才是人类政治发展的正轨和坦途；因此，建立民主的政治制度，是中国现代化的题中应有之义。但这并不意味着中国只有学习西方、模仿西方，而无自己的根基和优势。西方民主政治之可贵，在于以争而成其不争，以个体之私而成其群体之公，但这又使得其中的权利与义务的关系是由外面逼出来的，并非来自道德的自觉，所以其基础不易安放得稳。中国道德精神与之相比，则鲜明地凸显出道德的自觉，并由此在历史上提出了德治的主张。这就为民主政治提供了一个可以安放得稳的根基。因此，徐复观一方面强调中国应当建立民主政治，另一方面又力主把民主政治安放在中国道德精神之上，认为："儒家德与礼的思想，正可把由势逼成的公与不争，推上到道德的自觉。民主主义至此才真正有其根基。""今后只有进一步接受儒家的思想，民主政治才能生稳根，才能发挥其最高的价值。"

中国道德精神所起的这些作用，西方道德精神是否也具有呢？徐复观认为，这是西方道德精神至今尚难具有的。在历史上，西方道德精神是知识型或宗教型的，是顺着知识或向着天国寻找道德的根基；而至现代，经过存在主义等现代人文主义哲学家的努力，才开始转向从人自身寻找道德的根基，但这种努力尚未获得真正的结果。他说："西方的实存主义，反省到了人的'下意识'，亦即是反省到了儒家之所谓私欲、佛家之所谓无明，而没有反省到在人的生命的深处，更有良心、天理、玄德、佛性，可将私欲、无明加以转化。所以他们便以私欲、无明，认定是人的主体之所在，而感到不安、绝望。这用中国文化的境界来说，他们还在'认贼作父'的阶段。他们要真正贯彻'实存'地自由解放，只有更沉潜下去，于不知不觉中和中国文化的大纲维接上头，才可打开一条出路。"在他看来，人类只有透过自身的下意识的欲望，而向上提升和超越，发现自身所具有的善的本性，才能使自己的生命真正得到安顿。正是在这点上，中国道德精神为现代人类的生存提供了合理的价值取向，能克服西方道德精神的局限，使人类真正在现实生活中找到更好地生存发展的道路。

徐复观对于中国道德精神所作的这些阐释，对中国道德精神的形成过程和文化价值进行了富有新意的再思考、再发现，深刻地揭示了中国道德精神的性格、内涵与意义。他对中国道德精神的高扬，对人立足于生命和现世进行道德追求的强调，对西方文化重知识、重宗教传统的批判，体现了他对中国文化传统的独到而深刻的理解。他的这些思想，对于把握中国道德精神的价值与意义，对于建设中华民族的现代精神文明，对于帮助现代人类走出现代性困境，无疑是富有启发性的。我们今天重视科技伦理，提倡以德治国，在21世纪重建中国人的道德精神，都可以从徐复观对中国道德精神的阐释中获得诸多有益的思想启示。

当然，徐复观的这些阐释也存在着偏颇之点、不足之处。如对于心性的作用，就作了过分的夸大，没有看到道德除了主体自觉的一面，还有社会规范的一面；对于"内在的人格世界"与"客观的人文世界"如何统一，使人类文化朝着健全合理的方向发展，也缺乏深入的阐发；至于中国道德精神如何在全球性现代化运动中获得再生，开出新局，更只是提出了问题，而远未给出答案。当然，对这些问题都作出合理的说明和深刻的解答，绝不是徐复观一人的责任，而是关心民族前途和人类命运的中国学术界的共同责任。

第7章

中国艺术精神的疏释

徐复观对中国文化作"现代的疏释"的兴奋点，首先是放在对中国道德精神的阐释上，接着又开展对中国艺术精神的阐释，因此在完成《中国人性论史·先秦篇》之后，他又写出了《中国艺术精神》一书。在他看来，道德、艺术、科学，是人类文化中的三大支柱。中国传统文化走的是一条人与自然过分亲和的路向，一方面使得科学方面仅限于前科学的成就，只有历史的意义，而没有现代的意义；另一方面又由此重视人自身的生命存在，通过对人的具体生命的"心""性"的发掘，在道德与艺术两大领域中获得了重要的收获，不仅有历史的意义，而且有现代的和未来的意义。正是这样，他竭力通过对中国道德精神和中国艺术精神的阐释，使世人知道在人类文化的三大支柱中，中国文化实有道德、艺术两大擎天支柱，而不是中国百事不如西洋。这样一来，《中国艺术精神》成为《中国人性论史·先秦篇》的兄弟篇；而对中国艺术精神的疏释，构成了徐复观对中国文化作"现代的疏释"的一个重要方面。《中国艺术精神》出版于 1966 年，是徐复观的第二部学术专著。

庄子与中国艺术精神

什么是艺术精神？在徐复观看来，艺术精神也就是指的艺术的精神境界。他说："文学、艺术，乃成立于作者的主观（心灵或精神）与题材的客观（事物）互相关涉之上。"艺术作品既不是纯主观的，也不是纯客观的。把主观生命的跃动投射到某一客观的事物上面去，借某一客观事物的形象把生命的跃动表现出来，形成晶莹朗澈的内在世界，这就是艺术的精神境界。因此，未为主观所感所思的客观事物，根本不会进入文学、艺术的创作范围之内，同时作者的人格修养和理想追求，对发现客观事物的价值或意味有着重要的影响，从而使艺术作品所表现出来的生命跃动有不同的层次，使艺术精神有不同的境界。正是这样，不仅在中国人与西方人之间，由于文化的巨大差异，其艺术精神呈现出迥然的不同；而且就是在中国人之间，由于人格修养和理想追求不尽相同，其艺术精神也呈现出明显的区别。

徐复观认为，中国人在艺术精神上的诸多区别，如果穷究到底，可以概括为孔子和庄子所显出的两个典型。这是因为："中国只有儒道两家思想，由现实生活的反省，迫进于主宰具体生命的心或性，由心性潜德的显发以转化生命中的夹杂，而将其提升，将其纯化，由此而落实于现实生活之上，以端正它的方向，奠定人生价值的基础。所以只有儒道两家思想，才有人格修养的意义。因为这种人格修养，依然是在现实人生生活上开花结果，所以它的作用，不止于是文学艺术的根基，但也可以成为文学艺术的根基。"

而具体地看，孔子和庄子所代表的艺术精神，又呈现出两种典型性格。徐复观指出，由孔子所显发出的艺术精神，是道德与艺术合一的性格；由孔门通过音乐所呈现出的为人生而艺术的最高境界，即是善与美的彻底谐和统一的最高境界。由庄子所显发出的艺术精神，则是彻底的纯艺术的性格；中国的纯艺术精神，实际上是由此一思想系统所导出；中国历史上伟大的画家及画论家，常常在若有意若无意之中，在不同的程度上契会到这一点。当然，这并不是说，只有孔子所奠定的儒家艺术精神才是"为人生而艺术"，由庄子所奠定的道家艺术精神则是"为艺术而艺术"。可以说，唯有"为人生而艺术"才是中国艺术精神的正统。倒是儒家所开出的艺术精神，立足于仁义道德，需要经过某种意味的转换方能成就艺术，没有这种转换便不能成就艺术。更能代表中国艺术精神的，是庄子的艺术精神。

　　正是这样，在《中国艺术精神》全书三十万字中，徐复观以第二章《中国艺术精神主体之呈现——庄子的再发现》近六万字的篇幅，对庄子的艺术精神进行了深入细致的疏释阐发。在这一章完成后，徐复观曾写七绝一首，表达自己兴奋不已的心情："茫茫坠绪苦爬搜，刿肾镂肝只自仇。瞥见庄生真面目，此心今亦与天游。"可以说，这是《中国艺术精神》中的最重要、最精彩的一章，也是徐复观阐释中国艺术精神的画龙点睛之笔。

　　徐复观指出，老、庄所建立的最高概念是"道"。他们的目的是要在精神上与"道"为一体，即所谓"体道"，因而形成"道"的人生观，抱着"道"的生活态度，以求安身立命的家园。他们所说的"道"，尽管具有一套形上性质的描述，但最终是要建立由宇宙走向人生的系统。这也就是说，"若不顺着他们思辨的形上学的路数去看，而只从他们由修养的功夫所到达的人生境界去看，则他们所用的工夫，乃是一个伟大艺术家的修养工夫；他们由工夫所达到的人生境界，本无心于艺术，却不期然而然地会归于今日之所谓艺术精神之上。"《庄子》著名寓言"庖丁解牛"中的主人翁庖丁，从技术的角度上看，是一个解牛能手，但从他体现了"道"的解牛功夫上看，又可以说是一个高明的艺术家。对于他来说，解牛已不是一种纯技术性的劳动，而是一种艺术的创造活动。同样，庄子所追求的"道"，与艺术家所呈现出的最高艺术精神在本质上是相同的，只不过艺术家由此而成就艺术的作品，而庄子则由此而成就艺术的人生。因此，"庄子的道，从抽象去把握时，是哲学的、思辨的；从具象去把握时，是艺术的、生活的。"

徐复观进一步指出，庄子所说的"美""乐"（快感）、"巧"（艺巧），不是对艺术的作品而言，而是对艺术的人生而言，其所蕴含的真实内容，就是使人的精神得到自由解放。庄子处于大动乱的时代，人生经受着像桎梏、像倒悬一样的痛苦，迫切要求得到自由解放。但这种自由解放，不可能求之于现世，也不能求之于天上或未来，而只能求之于自己的"心"。也就是说，在庄子的时代里，人只能在自由的精神境界中求得解放。这种得到自由解放的精神境界，在庄子那里，表现为他所说的"闻道""体道""与天为徒""入于寥天一"等，而用现代的语言表达出来，这正是最高的艺术精神。庄子之所谓"至人""真人""神人"，可以说都是能"游"的人。能"游"的人，也就是艺术精神呈现出来的人，也就是艺术化的人。但是，"游"并不是具体的游戏，而是把具体游戏中所呈现的自由活动加以升华，作为得到自由解放的象征，表示一种活泼泼的精神状态。在这一点上，庄子讲的"游"也和具体游戏一样，有共同的起点，即从现实的实用的观念中得到解脱。庄子认为，"无用"是精神自由解放的条件，但毕竟是消极的解脱；更为积极的解脱则是"和"。"和"即和谐、统一，是艺术最基本的性格，体现了"道"的本质和最高的美，是"游"的积极条件。由此看来，庄子所认为的人的主体，即作为人的本质的"心"，是一种"虚""静""明"的"心"，也就是艺术的"心"。因此，"庄子所把握的心，正是艺术精神的主体"。而正是这种艺术精神的主体，决定了庄子的艺术精神，也决定了中国艺术精神的主流。可以说："中国的艺术精神，追根到底，即是庄子的虚、静、明的精神。"这无疑是庄子对中国文化的一大贡献。

然而，在徐复观看来，庄子更重要的贡献在于指出了这种艺术精神的主体的成立途径。庄子认为，要成立这种艺术精神的主体，要达到"心"的"虚""静""明"，就必须经过"心斋"与"坐忘"。达到"心斋""坐忘"的历程，主要是通过两条道路实现的。一条道路是消解由生理而来的欲望，使欲望不给"心"以奴役，而使"心"从欲望中解放出来；另一条道路是与物相接时，不让"心"对物做知识的活动，不让由知识活动而来的是非判断给"心"以烦扰，而使"心"从对知识的无穷追逐中得到解放。这种"忘知"就是忘掉分解性的、概念性的知识活动，剩下的便是虚而待物的、徇耳目内通的纯知觉活动。这种纯知觉活动，即是美的观照。庄子所讲的这种纯知觉活动的美的观照，与现象学所讲的纯粹意识有相似之处。现象学希望把有关自然世界的一切学问，归入括号，加以暂时搁置，实行中止判断，所剩下的是纯粹意识，从而探出更深的意识，以获得一个新的存在领域。这一点，实近于庄子的"忘知"，只不过在现象学是暂时的，在庄子则成为一往而不返的追求。"因为现象学只是为知识求根据而暂时忘知，庄子则是为人生求安顿而一往忘知。"

在对庄子的艺术精神进行深入考察的基础上，徐复观又对庄子的艺术精神和西方的艺术精神进行了比较，认为："庄子所体认出的艺术精神，与西方美学家最大不同之点，不仅在庄子所得的是全，而一般美学家所得的是偏；而主要是这种全与偏之所由来，乃是庄子系由人生的修养工夫而得，在一般美学家则多系由特定艺术对象、作品的体认加以推演、扩大而来。因为所得到的都是艺术精神，所以在若干方面，有不期然而然地会归。但西方的美学家，因为不是从人格根源之地所涌现、所转化出来的，则其体认所到，对其整个人生而言，必有为其所不能到达之地，于是其所得者不能不偏，虽然他们常常把自己体认所到的一部分，组织成为包天盖地的系统。此一情势，到了现象学派，好像已大大地探进了一步。但他们毕竟不曾把握到心的虚静的本性，而只是'骑驴求驴'的在精神'作用'上去把捉。这若用我们传统的观念来说明，即是他们尚未能'见体'，未能见到艺术精神的主体。正因为如此，所以他们不仅在观念、理论上表现而为多歧、而为奇特，并且现在更堕入于'无意识'的幽暗、孤绝之中。这与庄子所呈现出的主体，恰成为一两极的对照。"在徐复观看来，西方的艺术精神所涉及的实际上是艺术精神的现象，庄子的艺术精神方抓住了艺术精神的主体。也就是说，西方的美学家们并没有真正发现艺术精神的主体是庄子所指出的"虚""静""明"的"心"，是庄子以"游"来表征的自由的"心"。两者相比，庄子的艺术精神当然要更胜一筹。因而可以说，"道家发展到庄子，指出虚静之心，而人的艺术精神的主体，亦昭澈于人类尽有生之际，无可得而磨灭"。

通过对庄子的艺术精神的深入阐发，徐复观在孔、孟儒家思想世界之外，又揭示了老、庄道家的思想世界。如果说孔、孟儒家的主要贡献在于中国道德精神的形成及其向现实生活的开展，那么老、庄道家的主要贡献则在于中国艺术精神的形成及其向艺术创造的转化。中国艺术精神与中国道德精神，可以说交相辉映，光耀千秋。由此也可以看出，徐复观决非那种眼光狭隘、独尊儒术的陋儒，而是一个具有开拓胸怀和宏通视野的大儒。

由思的世界到画的世界

徐复观指出，庄子的艺术精神虽本旨不在艺术创作，但却对中国艺术发展产生了很大影响，特别是在绘画方面结出了丰硕的成果。他说："历史中的大画家、大画论家，他们所达到、所把握到的精神境界，常不期然而然的都是庄学、玄学的境界。宋以后所谓禅对画的影响，如实地说，乃是庄学、玄学的影响。"对于庄子艺术精神的这一深远影响，徐复观在《中国艺术精神》中通过对中国思想史和中国绘画史圆融于一体的考察，作了独具慧眼的深入论析。

徐复观认为，庄子的艺术精神对中国的绘画产生深远影响，并不是直接的，而是通过魏晋玄学来实现的。中国的绘画，虽可以追溯到远古，但对绘画作艺术性的反省，因而作纯艺术性的努力与评价，还是从东汉末年至魏晋时代的事情。与中国的文学、书法一样，中国的绘画只有在这时才获得了一种艺术精神的自觉。这种艺术精神的自觉，与东汉以经学为背景的政治实用哲学的衰落和老、庄道家思想的重新抬头有密切的关系。正是魏晋玄学的兴起，实现了中国艺术精神由思的世界走向了画的世界，由哲学家的神思而成为画家笔下的人物山水。而具体到玄学中，也有一个逐渐转换的过程，经历了由正始玄学而竹林玄学而元康玄学（中朝玄学）的演变。玄学中的正始名士，在思想上系以《老子》为主而附以《易》义，是为"思辨的玄学"。玄学中的竹林名士，在思想上则实以《庄子》为主，并由思辨而落实于生活之上，可以说是"性情的玄学"。到了玄学中的元康名士，"性情的玄学"已经在门第的小天地中浮薄化了，玄学完全变为生活艺术化的活动，演变成为"生活情调的玄学"。在魏晋玄学的这三种形态的转换中，竹林名士实为开启魏晋时代艺术精神自觉的关键人物。

徐复观认为，魏晋玄学对中国绘画产生了两方面的影响。一方面的影响表现在人物画方面，另一方面的影响表现在山水画方面。他说："人物画的艺术的自觉，是由庄学所启发出来的；山水的成为绘画的题材，由绘画而将山水、自然加以美化、艺术化，更是由庄学所启发出来的。"在《中国艺术精神》中，他对这两个方面的影响进行了深入的论析。

徐复观指出，魏晋时代的美的自觉是从人伦鉴识开始的，即是由人自身形象的审美开始的。东汉末年，人伦鉴识之风大盛，刘劭的《人物志》可以说是这一风气的结晶。这种人伦鉴识，开始是以儒学为其根据，以政治上的实用为其目标，以分解的方法构成其判断，试图通过一个人的可见之形、可见之才，以发现他的内在而不可见之性，即是要发现人之所以为人的本质，从中判断出他一生行为的善恶。随着魏晋玄学的崛起及流变，人伦鉴识也出现了变化。他说："及正始名士出而学风大变；竹林名士出而政治实用的意味转薄；中朝名士出而生命情调之欣赏特隆；于是人伦鉴识，在无形中由政治的实用性，完成了向艺术的欣赏性的转换。自此以后，玄学，尤其是庄学，成为鉴识的根柢，以超实用的趣味欣赏为其所要达到的目标，以美的观照得出他们对人伦的判断。"这种艺术化的人伦鉴识，在于由一个人的"形"以把握到他的"神"，也就是要由"人的第一自然的形象"以发现"人的第二自然的形象"，因而成就人的艺术形象之美。

徐复观进而指出，当时的绘画是以人物为主。在玄学，实即庄子精神的启发下，这种人物画正是要把由人伦鉴识所追求的形象之美，也就是所追求的形象中的"神"，在绘画的技巧上表现出来。从汉代石刻上看到的人物画，是由所画的故事来表现其意义、价值，这是求意义、价值于绘画自身之外；而魏晋时代及其以后的人物画，则主要是通过所画人物之"形"呈现所画人物之"神"来表现其意义、价值，这是就绘画自身所作的价值判断，这完全是艺术的判断。魏晋时代绘画的大进步，正在于此。在这方面，晋代顾恺之提出的绘画在于"传神写照"的议论，最能够代表这种由人伦鉴识而来的人物画的美的自觉。此后，"传神"成为中国人物画的不可动摇的传统。谢赫六法中的所谓"气韵生动"，正是在这个基础上提出的。"气韵"代表了绘画中的两种极致之美："气"实指表现在作品中的阳刚之美，"韵"实指表现在作品中的阴柔之美。这两者都是人的生命力的升华，因而能够"生动"。"气韵"也就是人物画的"传神"的"神"。由于"气韵"观念的提出，使得人们对于"传神"的"神"更易于把握，更易于追求。这是中国古代画论的一大进步。"气韵"对中国人物画产生了深远的影响，一直到唐末张彦远的《历代名画记》，仍然只以"气韵"的观念品评画家笔下的人禽鬼神。

徐复观又指出，最能直接、深刻、鲜明地体现庄子的艺术精神的，是中国的山水画。中国从周初起，随着人文精神的最初跃动，自然界中的名山巨川便从带有压抑性的神秘气氛中逐渐解放出来，使人感到这些自然景物对于人的生活确实有一种很大的帮助。在世界古代各文化系统中，没有任何系统的文化，人与自然曾发生过像中国古代这样的亲和关系。道家对于中国文化的这一特点作了很重要的发展。在老子那里，其反人文的还纯归真的要求，实际上是要求人间世向自然界更为接近。庄子尽管为使人能安住于人间社会费尽了苦心，但最后仍不得不归结于无用之用，而无用之用只有遗世而独立，即只有生活在自然界中才可能做到。庄子由虚静之心而来的主客一体的"物化"意境，常常是以自然景物作象征，如他曾以蝴蝶作自己的象征，这正说明自然界进入庄子纯艺术性格的虚静之心里面，实较人间世更怡然而理顺。

在徐复观看来，这种自然之美比之人自身之美，更能体现出绘画作品中的"神"与"气韵"。因为在现实生活中，没有人会在活生生的人间世，真能发现一个可以安顿自己生命的世界。这就使作者的感情几乎不可能安放到所画的对象上去，从而使作者的精神得到安息与解放。因而，当传神的人物画创作成功时，固然能给作者带来某种程度的快感，但这种快感只有轻而浅的一掠而过的性质，这与庄子及一切伟大艺术家所追求的完全把人自己安放进去、获得精神解放的世界，实在存在着很大的距离。这就促使中国古代绘画由人物画转向山水画。山水是未受人间污染的世界，其形象又深远嵯峨，易于引发人的想象力，也易于安放人的想象力，因而最适合体现庄子对精神的自由解放的追求，成了审美的对象、绘画的对象。中国画由重人物转向重山水，是以魏晋时代作为转折点的。他说："因为有了玄学中的庄学向魏晋人士生活中的渗透，除了使人的自身成为美的对象以外，才更使山水松竹等自然景物，都成为美的对象。由人的自身所形成的美的对象，实际是容易倒坏的；而由自然景物所形成的美的对象，却不易倒坏。……因此，不妨作这样的结论，中国以山水画为中心的自然画，乃是玄学中的庄学的产物。不能了解到这一点，便不能把握到中国以绘画为中心的艺术的基本性格。"可见，山水画的出现，乃庄学在人生中、在艺术上的落实；而只有当中国艺术走向自然、归于山水时，庄子的艺术精神也才真正得以落实。可以说，只有自然山水，才是庄子艺术精神的最后归结之地；只有山水画，才体现了庄子艺术精神的本色。这是山水画得以成立并于宋代后成为中国绘画主流的根据。

通过以上论析，徐复观实际上揭示了以庄子为代表的中国艺术精神所具有的美学的和艺术的双重意义。这两重意义是相联系的。以庄子为代表的艺术的人生境界，以其独特的形式，凸显了对自由的祈向和追求，实质上抓住了美的本质。这种对自由的祈向和追求，难以在现实世界中安放得下，只有转向自然界，从而促成了作为中国艺术骨干的山水画的发展，从美学的意义中又开出了艺术的意义。在这种艺术的人生和艺术的创造中，主体与客体、人间世与自然界、"成己"与"成物"都有机地融合起来了。这是中国艺术精神的特点。

徐复观对中国艺术精神所作的这些解读，可以说体现了他对中国文化、中国哲学的独到而深刻的理解。在他看来，从思的世界到画的世界，老子、庄子所追求的超越的"道"，从最初的形而上学建构，而一步步走向包括人间世和自然界在内的生活世界。人的生命的跃动，画家的人格追求，不仅在中国的人物画中以人物形象体现出来，而且在中国的山水画中更通过自然景物深刻地体现出来。因此，宋以后成为中国画主流和骨干的山水画，所追求和呈现的不是一种纯粹的自然景观，而实际是人的生命存在，是人的生命跃动。在这里，是人的生命存在、生命跃动赋予了山水画中的山水林木之美。用徐复观的话说："最高的画境，不是模写对象，而是以自己的精神创造对象。"

这样一来，徐复观尖锐地揭示了艺术创作的一个根本性问题：艺术家的心灵，艺术家的生命，艺术家的人格，是艺术作品得以成立的根据。他说："在中国，作为一个伟大的艺术家，必以人格的修养，精神的解放，为技巧的根本。有无这种根本，即是士画与匠画的大分水岭之所在。"因此，他反对离开艺术家的心灵、生命、人格，仅从所谓艺术的技巧上，去谈艺术的创作。

中国画的现代意义

在徐复观看来，在庄子的艺术精神影响下产生和发展起来的中国画，不仅在历史上有其伟大的成就，而且在现时代中仍有其重要的意义。这种意义在于，中国艺术精神所成就的中国绘画，所体现的人生境界，与西方近现代文化的性格，呈现出鲜明的不同："中国绘画，由人物而山水，山传色而淡彩，而水墨，这都是出自虚、静、明的精神，都是向虚、静、明精神的自我实现。所以由中国艺术所呈现的人生境界，是冲融淡定、物我皆忘的和平境界。"

徐复观指出，中国艺术精神的这种寄意自然、玄远淡泊的境界，无疑与现代高度工业化的社会以及由之而来的激烈的竞争、变化，处于两极对立的地位。但这并不意味着庄子的艺术精神及其中国山水画，在现时代就失却了实际的意义，仅仅只能作为思想史和艺术史上的古董。这是因为，艺术作为对社会、对时代的反映，常采取两种不同的方向："一种是顺承性的反映；一种是反省性的反映。""顺承性的反映"，对于它所反映的现实会发生推动、助成的作用；因而它的意义，常决定于被反映的现实的意义。如16世纪的写实主义，是顺承当时人的自觉和自然的发现的时代潮流而来的；而达达主义所开始的现代艺术，则是顺承20世纪两次世界大战而来的残酷、混乱、孤危、绝望的精神状态而来的。现代高度发达的科技文明和工业社会，带来了竞争、争斗、异化，现代人类处于孤独、焦虑、绝望的精神状态。在这种情况下，西方的现代派绘画尽管新奇、多变，但所表现的，只是一群感触敏锐的人，感触到时代的绝望、个人的绝望。这种艺术对于痛苦中的现代人类来说，只能是火上加油，愈感困顿。"反省性的反映"，会对它所反映的现实发生批判的作用；因而它的意义，则在于对于它所反映的现实的超越。中国的山水画，是在长期专制政治的压迫下，在一般士大夫的利欲熏心的现实下，想由人间世超越到自然界中去，以获得精神的自由、保持精神的纯洁、恢复生命的疲困的产物，是这种"反省性的反映"的代表。与西方的现代派绘画不同，中国画、特别是中国的山水画，所呈现的冲融淡定、物我皆忘的和平境界，能像炎热时的清凉饮料一样，给躁动不安的现代人类注入平静、安定、和谐的因素。徐复观颇有感触地说："专制政治今后可能没有了；但由机械、社团组织、工业合理化等而来的精神自由的丧失，及生活的枯燥、单调，乃至竞争、变化的剧烈，人类是需要火上加油性质的艺术呢？还是需要炎暑中的清凉饮料性质的艺术呢？我想，假使现代人能欣赏到中国的山水画，对于由过度紧张而来的精神病患，或者会发生更大的意义。"在徐复观看来，中国的山水画就是一支对"现代文化的病痛"具有很好疗效的"镇痛剂"，对今天和今后的人类生存仍然有着积极的不可或缺的作用。

也正是如此，徐复观对西方的现代派艺术进行了尖锐的批评。他指出，从中国艺术精神看，艺术的创作是成立于人与自然之间的接触线上，而伟大的艺术品常表现为物我两忘、主客合一的境界。然而，西方现代艺术的特点之一，却是对自然的疏离、反叛、背弃，呈现为反自然的倾向。西方艺术家的背弃自然，与西方科学家征服自然，西方形而上学扬弃现象以言本质，在某种意义上可以说相互呼应，形成西方文化对自然的总反叛。在现代人的心灵中，充满了困惑和不安，既容纳不下社会，也容纳不下自然，于是其主体精神表现只能是怪僻、幽暗、混乱、横暴。现代抽象艺术即典型地体现了这一点。他说："现代抽象艺术的开创人，主要是来自对时代的敏锐感觉，而觉得在既成的现实中，找不到出路，看不见前途，因而形成内心的空虚、苦闷、忧愤，于是感到一切既成的艺术形象乃至自然形象，都和他的空虚、苦闷、忧愤的生命跃动发生了距离。要把他内心的空虚、苦闷、忧愤的真实，不受一切形象的拘束，而如实地表现出来，这便自然而然的成了抽象的画，或超现实的诗了。"因此，现代艺术只是艺术中反映"现代文化的病痛"的一种现象，这种艺术可以作为历史创伤的表识，但并不具有艺术的永恒性。

平心而论，徐复观对西方现代艺术的批判不无偏颇之处。他只看到了西方现代艺术反映了现代人类生存状态痛苦的一面，而没有看到西方现代艺术对现代人类生命存在也能起到一种安顿作用，也能具有永久的艺术魅力。他对西方现代艺术所作的根源性否定，不能不说是他在文化观上的一个重大缺憾。

但是，他通过这种批判对于中国画的现代价值所作的揭示，却是独到而有见地的。这就是，中国画体现的是中华民族对精神自由的祈向与追求，体现的是中国人的生命跃动与生存智慧，体现的是中国文化的特点与精神。这些，在当今世界，在以西方近现代文化为标本的全球性现代化运动中，仍然有其不可被替代的价值，能够弥补现代性给现代人类带来的困顿和不安。因此，中国艺术精神及其所成就的中国画，不仅具有历史的意义，而且具有现代的和将来的意义。

第 8 章

中国史学精神的解读

对于中国文化的特点及现代意义，徐复观除了着重从道德精神和艺术精神上加以系统疏释外，还对中国史学成就及其精神情有独钟，十分珍视。在他看来，史学的兴起，实出于文化发达到某种高度时人对自身存在的自觉，所以史学与文化是不可分的。在《两汉思想史》等著述中，徐复观对中国史学精神作了深入细致的解读。这一解读工作，构成了徐复观中国思想史论的一个重要组成部分，也构成了徐复观新儒学思想的一个重要环节。《两汉思想史》一至三卷，共一百万言，分别问世于 1972 年、1976 年和 1979 年，是徐复观晚年所成的力作和巨著，也是最能体现徐复观思想成熟性及治学特色的学术硕果。

"哲学家的语言" 与 "史学家的语言"

徐复观之重视史学，在于他看到了史学是与人的自觉、是与人生价值、是与人类的大方向联系在一起的，通过对历史人物、历史活动的记录，体现了人的现实的生命存在。他说："史学是从一堆材料中把历史的关节线索及人物对历史形成的意义等疏导出来，使人对历史可以把握到一个明朗的形象；在此明朗的形象中，看出人类的大方向。"因此，他很赞同克罗齐的"一切真历史都是当代史"的观点，认为从史学中读出的不是那些已逝去的人事与岁月，而是仍然富有活力的与今天人们生活相联系的生命存在，是那些"历史"的东西在"现在"的意义。对于中国文化来说，他认为史学的意义尤为重要。在中国文化的形成与发展中，史学占有相当突出、相当重要的位置，产生了相当巨大、相当深刻的影响。中国文化的重视现实生命的特征和人文精神的传统，在史学上得到了集中而深刻的体现。他感叹地说："中国的传统，则系在历史中扩展人之生命。"

正是这样，徐复观发现史学自身具有重要的思想史意义。他强调，史学的意义不仅在于记录了历史上的各种人物与事件，记录了一个个活生生的生命，而且更在于记录了一个民族的文化生命历程。他在评价《左传》时即言："左氏主要是采用了以史传经的方法，因而发展出今日可以看到的一部伟大的史学著作——《左氏传》，其意义实远在传经之上。传经是阐述孔子一人之言，而著史则是阐发了二百四十二年的我们民族的集体生命，以构成我们整体文化中的一段生动而具体的形象，这是出自传经，而决非传经所能概括的意义。"因此，史学也是一种思想史，而且是一种生动而具体的直接反映民族集体生命的思想史。史学著作在思想史上有其重要的意义与价值，不应当忽视和轻视，更不应摒弃于思想史之外。

那么，作为思想史的史学与作为思想史的哲学，有什么不同呢？徐复观进而指出："由先秦以及西汉，思想家表达自己的思想，概略言之，有两种方式。一种方式，或者可以说是属于《论语》《老子》的系统。把自己的思想，主要用自己的语言表达出来，赋予以概念性的说明。这是最常见的诸子百家所用的方式。另一种方式，或者可以说是属于《春秋》的系统。把自己的思想，主要用古人的言行表达出来；以古人的言行，作自己思想得以成立的根据。这是诸子百家用作表达的一种特殊方式。"这就是说，思想家对自己思想的表达，一是用哲学的方式，另一是用史学的方式。哲学的方式是通过哲学家"说"的理论来表达思想。史学的方式则是通过史学家"说"的历史来表达思想。

语言尽管都可以表达思想，但在文本与读者之间，不同的语言会产生不同的效果和作用。徐复观借用司马迁在《史记·太史公自序》中所引孔子语"我欲载之空言，不如见之于行事之深切著明也"，指出："载之'空言'，是把自己的思想，诉之于概念性抽象性的语言。用近代的术语，这是哲学家的语言。'见之于行事'，是把自己的思想，通过具体的前言往行的重现，使读者由此种重现以反省其意义与是非得失。用近代术语说，这是史学家的语言。"这两种语言在文本与读者之间有着不同的效果和作用。"哲学家的语言"，是把自己的思想，凭抽象的概念，构成一种理论，直接加之于读者的身上；读者须通过自己的思考能力，始可与哲学家的理论相应，而相应以后，理论落实到行为上还有一段距离。"史学家的语言"，则是凭具体的历史故事，以说予具体的人。此时读者不是直接听取作者的理论，而是具体的人与具体的人直接接触，读者可凭直感而不须凭思考之力，即可加以领受。并且，此时的领受，是由历史人的言行，直接与现存人的言行，两相照应，对读者可当下发生直接作用。也可以说，这是由古人行为的成效以显示人类行为的规范，不需要有很高的文化水准，便可以领受得到的。"史学家的语言"与"哲学家的语言"相比，更易于在文本与读者之间建立起一种沟通。因此，徐复观十分重视史学在思想史上的位置。在他看来，用"史学家的语言"来"说"出思想，是中国思想史、也是中国史学史的一个特点。

基于对史学的这种理解，徐复观在对中国文化作"现代的疏释"时，一方面重视对中国古代"哲学家的语言"进行发掘和阐释，另一方面重视对中国古代"史学家的语言"进行发掘和阐释。他所著的《两汉思想史》第二卷和第三卷，实际上就是分别对汉代思想史的这两种"语言"进行发掘和阐释。其中，第二卷着重对"哲学家的语言"进行发掘和阐释，论及《吕氏春秋》、陆贾、贾谊、《淮南子》、董仲舒、扬雄、王充的哲学思想；第三卷侧重对"史学家的语言"进行发掘和阐释，论及《韩诗外传》《新序》《说苑》《盐铁论》《春秋》《左传》《史记》《汉书》的哲学思想。在这里，他是把历史学作为一面人的镜子、民族的镜子。在这面镜子里面，人们可以看到自己的过去、现在和未来，看到自己的现实的生命存在，看到自己生命活动的大方向。

中国史学的发展与史学精神的成立

当人以历史学作为自己生命历程之镜的时候，必然要求历史学这面镜子是澄明的。这就使得保持历史学这面镜子的澄明，成为一个关键性问题。在徐复观看来，历史学这面镜子之所以澄明，乃在于史学精神；中国史学这面镜子之所以澄明，乃在于中国史学精神。可以说，没有中国史学精神，就没有中国史学之镜。正是这样，他着重对中国史学的建立进行了历史的考察与疏释，从中揭示了中国史学精神的内涵、特征与意义。

徐复观指出，中国史学及其精神的成立，经历了一个漫长的历史过程。这个过程也就是宗教史学通向人文史学的过程。这一过程的展开，可以通过"史"的职事的变化显示出来。在中国古代，"史"是由文化水准高的人担任的，这使得"史"的职事不断发展，而"史"中的人才亦因之不断出现。"史"的原始职务是事神，主要从事于宗教活动。除了事神之外，"史"还记事，但他们所记的事，都与神相关，或由宗教活动衍变而来。以后，"史"的职事逐渐扩大，除事神外，还主管巫事，负责天文星历，充当灾异的解说者，锡命或策命，掌管氏族谱系。这样一来，使得"史"记事的内容，由宗教活动逐渐转变为与宗教无直接关系的重要政治活动。"史"把国内及国际的人物与事情，都加以记录了。再加上时历为"史"所掌管，在"史"那里就自然形成了深刻的时间观念。将人与事的记录和时间相结合，这便出现了"百国春秋"，使史学在中国古代有了普遍的发展。到春秋时代，更涌现了一批出色的史官，他们不仅具备丰富的历史知识，而且对于历史运动有较深刻的了解。如晋国的史墨，就是这样的人物。当鲁国的国君昭公被大夫季氏驱逐出国而死于国外这一重大事件发生后，晋国赵简子问史墨：为什么"季氏出其君而民服"呢？史墨回答说："社稷无常奉，君臣无常位，自古以然。故《诗》曰：'高岸为谷，深谷为陵。'三后之姓，于今为庶，主所知也。"史墨之论，可以说对历史发展规律作了确实而深刻的把握，表现出一种突破时代的卓越的史识。在这里，人文精神开始取代宗教意识。由此，可以得出这样的结论："我国古代文化，由宗教转化而为人文的展开，是通过古代史职的展开而展开的。文化的进步，是随史官文化水准的不断提高而进步的。史是中国古代文化的摇篮，是古代文化由宗教走向人文的一道桥梁、一条通路。……史由文字的记录与保管而得到历史知识，由历史知识而得到人类行为的经验教训，由此以开出有关人文方面一切学问，也是很自然而合理的。……欲为中国学术探源索本，应当说中国一切学问皆出于史。"

徐复观进而指出，"史"由宗教向人文演进后，其最大的任务，在于记录人世间重要行为的善恶，昭示给天下后世。这种记录工作，实是将人类行为的善恶，交付"史"来进行审判。而当时贵族们的心理，也是不害怕神的审判，而害怕"史"的审判。如齐国的国君庄公被崔杼杀死后，为了写下"崔杼弑其君"五个字的历史记录，就牺牲了三个史官。这种对历史的责任感以及由此而表现出置生死于不顾的勇气，不是西方"爱智"的传统所能解释的。这是史官感到站在自己的职务上，代替神来作一种庄严的审判，值得牺牲自己的生命。而崔杼也惧怕"史"的记录，感到这五个字是对他作了绝望的审判。由此可见，"史之义，莫大乎通过真实的记录，给人类行为，尤其是给政治人物的行为以史的审判，此乃立人极以主宰世运的具体而普遍深入的方法。"这就是中国史学精神。

徐复观认为，对于中国史学及其精神的开展，古代的诸多良史都作出了自己的贡献；然而，其中最有贡献的当推孔子、左丘明和司马迁。因此，他着重对孔子、左丘明、司马迁的史学贡献作了阐释。

在徐复观看来，对中国史学精神加以弘扬、使之传世的大思想家，首推孔子。孔子生活的时代，正是各国的良史最活跃的时代。孔子的知识来自两个方面：一是对知识的追求，一是对道德的践履。他在知识方面的学问，主要是来自史学。他学问的始基及其所受的启发与充实，主要是来自他对历史的追求，来自他继承了周代良史的业绩及将宗教转化为人文的精神。他所学所教的《诗》《书》《礼》《乐》，可以说都是古代

"史"的劳作。孔子修《春秋》的目的，就在于发挥古代良史以"史"的审判代替神的审判的庄严使命，辨别是非，奖善惩恶，标示历史发展的大方向。在孔子所修的《春秋》中，显示了"贬天子，退诸侯，讨大夫"的精神。从《春秋》与孔子的时间关系看，孔子所处理的是近代史、现代史，但他却不畏惧现实政治的压力，以极大的道德勇气，探求历史事实的真相，揭示出《春秋》中的"微"与"讳"后面所掩盖的真实的、不可告人的丑恶。孔子把他对人类的要求，不诉之于概念性的空言，而诉之于历史实践的事实，在人类历史实践的事实中，去启发人类的理性及人类所应遵循的根源性义法，这便决定了由他所继承的"史"的传统，不让中国文化的发展走上以思辨为主的西方传统哲学的道路。"他所成就的，乃是与自己的生命同在、与万人万世的生活同在的中庸之道。"因此，徐复观认为，站在史学的立场来看，孔子的地位与价值是无可比拟的。

徐复观又指出，孔子修《春秋》，所突出的是"史"的审判精神，并不是要完成史学的著作，因此《春秋》严格说来是经书而非史书。但孔子的这一工作，却有力地推动了中国史学的发展，诱导出了《春秋左氏传》的成立。《春秋左氏传》与《春秋公羊传》《春秋穀梁传》都是对《春秋》这部经书的阐释。所不同的是，《公羊传》《穀梁传》采取的是"以义传经"的形式，《左氏传》则采取的是"以史传经"的形式。"以义传经"，是代历史讲话，或者说是孔子代历史讲话；"以史传经"，则是让历史自己讲话，并把孔子在历史中所抽出的经验教训，还原到具体的历史中，让人们知道孔子所讲的根据。如果用现代语言诠表，《公羊传》《穀梁传》可以说讲的是历史哲学；《左氏传》则除了含有历史哲学的意味外，更主要的内容是历史学。《左氏传》与《公羊传》《穀梁传》在"传经"上的最大不同，就在于后者是顺着一种理念推断下去，前者是把历史事实放在第一位。《左氏传》的最大成就，是以让历史自己讲话的方式，把春秋时代的各方面的变迁、成就、矛盾、冲突，系统地、完整地、曲折地、趣味地表达出来，使生活在后世的人们对这一段古代史还可以清楚而生动地把握，对这一段民族生命的发展还可以作真切而实在的感触。这开启了中国史学的发展，成为中国史学文化的支柱。

徐复观认为："师孔子作《春秋》之意，宏左氏作《传》之规，综贯古今，网罗全局，以建立世界迄今尚难与配敌的史学巨制的，这即是司马迁的《史记》。"司马迁继承了孔子的史学精神。在《史记》中，他发挥孔子修《春秋》的"贬天子，退诸侯，讨大夫"的与权威相抗拒的精神，从而使这一史著透过汉代专制政治的压迫，成为"礼义之大宗"，标示以人民为主体的"王事"的大方向。《史记》之所以能成为"实录"的原因在此，《史记》之所以有千古不灭的真价值的原因也在此。这种史学精神，可以称为"道德理性的批判精神"。当然，司马迁深知这种史学精神与汉代的专制政治大相径庭。因此，在他的心目中，对文化的信任远超过对政治的信任。他所了解的现实，使他相信人类的命运，在文化而不是在政治，或者说在以文化规整政治。在《史记》中，他虽十分重视现实政治，十分注重评价现实政治的是非得失，但又与现实政治保持着相当的距离，而把文化的意义置于现实政治的意义之上，使人类不托命于政治而托命于文化。一部《史记》，可以说是以文化为骨干之史。正是这样，司马迁在现实政治的成王败寇、赏荣诛辱的巨大势利浪潮中，以巧妙的手法，透出历史的真实，展现历史的良心。即使是在本朝的势利圈子里面，他也无所畏惧，所写的"当代史"是真实的当代史。徐复观对于司马迁的史学精神予以了高度的评价。他感慨地说："司马迁之所以为司马迁，便在他首先能破除此种势利之见，在势利圈以外，发现人的意义，发现历史的意义。""此一历史的良心，贯注于《史记》全书之中，随处可见。"正是这样，在徐复观看来，最能代表"汉代精神"的大思想家，不是董仲舒，更不是王充，而是司马迁。

徐复观强调，以孔子和司马迁为代表的中国史学精神中所显示的立足于现实的历史批判精神，是中国古代人文世界中至今仍富有启发性和生命力的内容。他说："使人类得透过由专制权力所散布的虚伪的历史资料以把握历史的真实，由历史的真实以把握人类前进的真正大方向，这才是作为一个史学家的真正责任与贡献。"可以说，不懂得、不理解这种历史批判精神，就不可能对中国历史文化进行总结，写出具有真价值的史学著作；就不可能高扬中国人文精神，开辟新的人文世界。

史学与史学家

既然史学的意义不仅仅在于记录历史上的人物和事件，而更在于体现一种历史的良心，体现一种历史批判精神，那么史学家的良心与人格就对于史学的成立与开展具有特别重大的意义。这一点，正是徐复观在解读中国史学精神时所最为关注、竭力凸显的，并对此作了相当深入的说明。

在徐复观看来，史学与史学家是不可分的。他指出："史学之所以成立，乃成立于活着的人与死去的人，能在时间上贯通，在生活上联结，以扩充活着的人的生存广度与深度。换言之，史学乃成立于今人对古人的要请之上。凡为今人所不要请的古人，虽有史料，亦被遗忘于历史记忆之外。而今人所要请于古人的，不是史料的自身，而系史料所含的各种意义。这种意义，须由作者来发现。意义发现之浅深与真假邪正之分，不仅关系于作史者的学养，尤关系于作史者的人格。由人格之不同，而有不同的动机；由动机之不同，而有各种不同之角度；由角度之不同，而对史料有不同之着眼点，有不同之选择，有不同之意义之发现。由作者的人格与学养，注入于史料之中而加以构造，然后能使古人重现于今人之前，重现于读者之前，此之谓史学。简言之，史料加上作者的'人的因素'，然后能成为史学。"他还说："我们评估一部历史著作的价值，不是仅凭作者治学的方法即能断定的。运用方法的是人，人一定被他的起心动念所左右。标榜纯客观，而对自己的民族、国家、人民，没有一点真正感情的人，即对人类前途，不会有一点真正的关切。由近数十年的事实，证明了这种人常是只图私利、卖弄资料的反道德的人。谁能相信这种人会保持客观谨严的态度，写出可以信任的历史。所以一个史学者的人格，是他的著作可否信任的第一尺度。"可以说，史学家的良心和人格，是史学得以成立、得以鲜活、得以真实的灵魂。孔子、司马迁之所以能代表中国史学精神，之所以能在史学上作出划时代的贡献，究其根源，正在于他们的人格，正在于他们的良心，正在于他们的"道德理性的批判精神"。

徐复观进而指出，这种史学家的良心和人格，不是抽象的东西，而是由其史学著述具体体现出来的活生生的存在。在史学著述中，人们可以通过不同的方面直接感触到这种史学家的良心和人格。特别是在传记体史书中，通过为历史人物立传，能够鲜明地表现出历史学家的史德和史识。甚至可以说，"史德与史识的最大考验，在于以何种标准决定为何人立传"。

首先，一个真正有良心和人格的史学家，应当站在"人类的立场"上讲话，而不应当站在"本朝的立场"上讲话。在这方面，徐复观对司马迁与班固进行了比较，认为这两位汉代史学大家的根本不同，就在于司马迁是站在"人类的立场"上看历史，而班固则是站在"本朝的立场"上看历史。他说："史公是站在人类的立场看历史，所以汉代及其他朝代，在史公心目中，是受到同样的客观尺度来处理。而班氏则是站在汉代帝室的立场来看历史，所以他所操持以衡量历史的客观尺度，与史公未尝不相同，因为两人都是儒家思想，但应用到汉代帝室时，尺度的客观性便不知不觉地打了若干折扣。"例如，司马迁在《史记》中，破例为项羽立本纪，为陈胜立世家，把亡秦之功不归之于刘邦而归之于陈、项二人。这是站在"人类的立场"上讲话，体现了历史的真实。班固在《汉书》中，讲述亡秦人物，只为刘邦立本纪，而把陈、项合于一传之中，这就把亡秦之功全归之于刘邦，而抹杀了陈、项的历史功绩。这是站在"本朝的立场"上讲话，把历史的真实在汉臣的歌功颂德中掩没了。

同时，一个真正有良心和人格的史学家，应当记录并再现人民在专制政治压迫下的痛苦与呼声，而不应当掩盖这种历史的痛苦与呼声。用徐复观的话说："史学家最大的良心，莫大于为亿万人民呼冤求救。"在这方面，徐复观尤为推崇《史记·酷吏列传》，揭示了司马迁写《酷吏列传》的时代背景与深刻用心。他指出，汉代承用秦法为治，刑法异常严酷，至武帝而愈演愈烈，形成了酷吏政治。司马迁写《酷吏列传》，就是要暴露汉武帝"缘饰以儒术"的政治的真实内容，就是要描写出酷吏政治真正狰狞黑暗的本来面目。因此，完全可以说，"《酷吏列传》的成立，乃史公最大的历史良心的表现"。正是基于此，徐复观对于《汉书·刑法志》也作了积极的肯定，认为班固"在此志的全文中，不知不觉地充满了痛愤之情，流露为悲慨之笔，使此文的风格，特接近史公"。这就是说，班固与司马迁所站的立场虽不一致，但对于人民的疾苦却又怀有相似的同情之心，使得《汉书》的某些篇章在思想上能接近《史记》。在徐复观看来，其所以如此，在于班固毕竟是一个深受儒学教养的史学家，其良心和人格并未完全为"本朝"的巨大势利浪潮所泯灭。

在中国历代史学家中，徐复观无疑最推重司马迁的良心与人格。他万分感叹地说："史公作史之心，应当是一切史学家之心。"在他的心目中，司马迁是中国史学家良心和人格的典范，是中国史学精神的象征。他的心与司马迁的心是相通的。正是这样，对于那些忽视甚至掩盖专制政治下人民痛苦的史学家，徐复观旗帜鲜明地予以批判。他对同属于现代新儒家的钱穆的尖锐批评，就是出于这种态度。钱穆长期以来认为，秦以后的政治传统不是用"专制黑暗"四个字所能抹杀的，力图证明中国历史上并不存在专制制度。对此，徐复观著文斥为"良知的迷惘"，说："我和钱先生有相同之处，都是要把历史中好的一面发掘出来。但钱先生所发掘的是两千年的专制并不是专制，因而我们应当安住于历史传统政制之中，不必妄想什么民主。而我所发掘的却是以各种方式反抗专制，缓和专制，在专制中注入若干开明因素，在专制下如何多保持一线民族生机的圣贤之心，隐逸之节，伟大史学家文学家面对人民的呜咽呻吟，及志士仁人忠臣义士在专制中所流的血与泪，因而认为在专制下的血河泪海，不激荡出民主自由来，便永不会停止。"

徐复观还认为，史学家要写好历史，还要具有如同艺术家一样的艺术心灵。这是因为，"人类生活，在由行为因果关系所表现的意义以外，还有一种可以说是趣味性的，或者可以说是艺术性的生活；这种生活，与行为的成败利害，没有直接关联；但人生常因此而得到充实，历史常因此而得以丰富。著史的人若将这一面加以忽视，等于遗失了人类生活的一个重要方面，有损于历史中的具体生命。所以伟大的史学家，必然同时秉赋有伟大的艺术心灵，能嗅出历史中这一方面的意味，而将其组入于历史重现之中，增加历史的生气与活力。"史学家们只有以自己的艺术心灵，把握和再现历史人物自身的个人生活及其情感世界，在材料允许的范围内把历史人物的各方面都表达出来，那么他们笔下的历史人物，才具有真实的"具体生命"；他们笔下的历史世界，才算是充实的"人的世界"；他们写出的历史著述，才富有"历史的生气与活力"。在徐复观看来，左丘明与司马迁，就是这样两位具有艺术心灵的大史学家。他们都重视历史中的"具体生命"，用自己的艺术心灵去发现、把握、表达这些"具体生命"。一部《左传》，记录了许多有趣味的或值得感叹的小故事，把死去的历史人物由这类小故事而复活起来；一部《史记》，对于历史人物的生活往往作多方面的记录，不仅保留了历史人物的生活面貌，而且保留了历史上的生活典型。这些都表现出左丘明、司马迁的伟大艺术心灵，也是《左传》《史记》之能震撼人心的原因之一。在这里，徐复观指出了中国艺术精神与中国史学精神的相贯通之处。

总之，史学家对于史学来说是至为重要的。在重视"史学家的语言"的同时，更要看到在"史学家的语言"的背后，站立着那个说话的活生生的人，跃动着那个作史的活生生的生命。这是徐复观解读中国史学精神的极关键一点。徐复观对中国史学精神的解读之所以具有深刻性，从根源之地看，就在于他总是透过"史学家的语言"，去感触到、去发掘出历史言说者的良心和人格。

第 9 章

对现代化与现代性的反思

徐复观不仅对中国古代文化加以"现代的疏释",从中发掘出其人文精神与现代价值,而且还吸取这种人文精神与现代价值,形成自己的新儒学文化观,来衡论当代人类所面临的文化困境。特别是对于当代人类所面对的现代化与现代性问题,他作出了深刻的反思。这构成了徐复观新儒学思想的一个重要方面。他的这些思考主要以时政杂文的形式表达出来。徐复观的时政杂文有数百万言,先后汇编成《徐复观文录》一至四册、《徐复观杂文——论中共》《徐复观杂文——看世局》《徐复观杂文——记所思》《徐复观杂文——忆往事》《徐复观杂文续集》《徐复观最后杂文集》《徐复观杂文补编》一至六册及《徐复观文录选粹》《徐复观文存》。这些时政杂文除一些探讨学术问题、回忆故人往事的篇章外,大致主要集中在对国内外政治问题的观察和对文化问题的思考上。用时政杂文的形式来表达自己的哲学思想,是徐复观的一大特色,这在 20 世纪中国学术史上是不多见的。

"现代文化的性格"

现代化与现代性问题，是全球性现代化运动所提出的重大哲学问题。所谓现代化，指的是追求、实现现代文明的历史进程，这是一个发源于西方、以西方近现代文化为标本的全球性运动；而所谓现代性，则是现代化在实现后所呈现出的基本性格，其主要的特征是工具理性、科技文明的凸显与膨胀。因此，现代化与现代性固然有所不同，但两者又是相互联系，难以分开的。与已经实现了现代化的西方世界相比，对于正在追求和实现现代化的非西方民族国家来说，现代化与现代性更是密切地联系在一起，成为一个十分复杂而不易解决的难题。在中国，这个问题自鸦片战争后逐渐凸显出来，而至20世纪则成为中国思想界反复探讨、反复论争的一大焦点。在这方面，现代新儒家在其发展中，把反省现代化与现代性问题，同重估中国传统文化的价值结合起来，为解决这一难题提出了一些值得重视的思想。其中，徐复观对现代化与现代性问题的反思，可以说典型地体现了现代新儒学思潮在这方面的努力与成就。

与熊十力等第一代新儒家人物相比，徐复观对全球性现代化运动有着更为深切更为直接的亲身体验。他在20世纪60~70年代亲眼看见了日本学习欧美所实现的现代化，更亲身感受了台湾、香港的现代化进程。这使得他对现代化与现代性问题的反思，在现代新儒家中超越前贤，独树一帜，形成了一套比较完整的理论。他对中西古今文化关系的思考与权衡，实际上也是以对现代化与现代性关系的思考与权衡为中心而展开的。

徐复观在对现代化与现代性问题进行探讨时，首先提出了

"现代文化的性格"问题。所谓"现代文化的性格",徐复观又称为"近三百年来文化的性格"或"现代社会生活的特性",包括了现在人们通常所讲的"现代化"与"现代性"的双重内容,但主要是指现代化在实现后所呈现出的基本性格,包含着批判的意味,可以说与"现代性"的概念更为接近。

什么是"现代文化的性格"呢?徐复观指出:"近三百年来文化的性格,是把人拉着向前的性格;没有这,即没有一般所说的进步。但假使在一天之中,没有树荫小憩、茶亭小饮、野外或店里小吃的时间,而只是不断地向前走着,一路上纵有好山好水,但到了下午,饥肠辘辘,体力疲乏不堪,人生至此,还有什么旅行的兴味可言呢?现代文化的病根,及由这种病根所发生的危机,正与此相像。只带着人们的精神向前,而没有使人们的精神得到一点安顿,于是现代人的精神,实已过分地疲倦而堕入虚无、暴乱之中,不仅失掉了三百年来一直向前进步的意义;并且快要把这一股文化的力量,加以毁灭了。现代人生活上的苦闷、危机,乃是由于精神上得不到平静、安顿而来的苦闷、危机。"在他看来,"近三百年来文化的性格"是一种在物质生活中不断向前开拓、不断向前进步的性格,这是现代化运动的基本性格。但也正是这种"近三百年来文化的性格",使人的精神得不到安顿,导致了"现代文化的病根"。

"科学世界"与"价值世界"的分裂

在徐复观看来,这种"现代文化的病根",可以用"沧海遗珠"这一成语来作概括。"沧海"是指当前的世界,"珠"是指智慧之珠。也就是说,人类在实现现代化的过程中,只重视和发展"科学世界",使人的物质生活不断向前、不断丰富，而忽视和拒斥了"价值世界"，使人的精神生活陷入苦闷、陷入危机。

徐复观认为，人的世界是由"价值世界"与"科学世界"这两部分组成的。这两个世界各有自己的特质、功能、界限。"价值世界"是人的精神世界，旨在树立人的理想，提高人的道德，陶冶人的情操，这是使人安身立命的精神家园。人的生存智慧，正是来源于"价值世界"。"科学世界"是人的知识世界，旨在追求知识，运用知识，物化知识，这是人向外部世界开拓所成就的科技文明。人的生存手段，正是来源于"科学世界"。这两个世界又是相互关联、相互影响的。这种关联和影响，不是一种派生的或从属的关系，在"价值世界"中不能直接产生出科学技术，在"科学世界"中也不能直接产生出道德理想。这种关联和影响在于："人类生活的基本动力和基本形态，毕竟是来自人类的价值世界。而科学世界，常常要在价值世界中去追溯其源泉，并反转来成为满足价值世界的一种手段。"因此，对于人类生活来说，"价值世界"与"科学世界"相比，无疑是前者比后者更为重要。因为离开了人的生存智慧，人的生存手段就失去了自己的源泉和目标。人的生活与动物的生活之不同就在于：人首先对生活有一种自觉的态度，即"价值世界"，然后依这种自觉的态度去选择、构造生活，形成与之相适应的生活的格式和条件，即"科学世界"；而动物则没有这种自觉的态度，即没有"价值世界"，当然也就不会由此而选择、构造生活，从而建立起"科学世界"了。对于人类来说，那种无是非善恶、无喜怒好恶的"无价值"的生活，是不能设想的。正是这样，从根本上说，人的生活本身不是在"科学世界"，而是在"价值世界"。"价值世界"对人的生存的这种根源性、重要性，决定了不能用"科学世界"去取代"价值世界"。即使科学技术高度发达，人的生存手段非常有力，也不能说"科学世界"对于人的生活具有无限的作用，能够取代人的生存智慧，能够解决那些属于"价值世界"的问题。只有协调好这两个世界，人类生活才能平稳而有序地向前发展。

但是，以西方近现代文化为标本的全球性现代化运动，不仅没有完善这两个世界的关系，其结果反倒破坏了这两个世界的关系，导致了这两个世界的关系的紧张与对峙，导致了"科学世界"对"价值世界"的压抑和拒斥。徐复观指出："现代化的最基本问题，是知识、技术的问题。""科学文化，是现代文化的指标。"这就使得现代化所造成的"现代文化的性格"，只张扬工具理性、科技文明，而对于价值理性、人性完善却不予以重视；只发展了人的生存手段，而使人丧失了更重要的生存智慧。特别是20世纪科学技术的迅速发展，更加剧了"科学世界"对"价值世界"的压抑和拒斥，造成了人类生存的严重危机，形成了所谓"危机的世纪"。他由之而感叹地说："20世纪是科学技术飞跃的时代，却同时也是思想沉沦、人生混乱而幽暗的时代。"

日本是于20世纪50年代开始经济起飞、首先按照西方模式实现现代化的亚洲国家。1960年，徐复观重访日本，就相当敏锐地发现了现代化所带来的"现代文化的性格"的弊端，深有感触地说："人在由科学所成就的物质世界中，是一天一天地变得更为渺小了。""日本的'人'，并没有随着技术、经济而进步；所以日本十年来在技术与经济的成就，并不能解决日本自身的问题。其实，这不仅是日本的问题，而是整个人类文化的大问题。"因此，面对繁华复杂的日本现代社会，徐复观感到心中酿出了许多莫名其妙的哀愁。他写了一首七律来表达这种心境："蓬岛重来老学生，空虚何事苦追寻。层楼雾酿千年劫，故纸虫穿万古心。猿鹤凄迷怜旧梦，烟花撩乱接残春。流觞社鼓俱陈迹，休倚危栏望醉人。"他进而由之感叹地说："这首打油诗，未能把我漂泊无依的哀愁说出千万分之一二。"

及至20世纪60年代台湾经济起飞，仿效日本的模式去实现现代化，更激起徐复观的莫大忧虑。他说，西方文化中的科学理性过剩，抑压了人生中其他方面的理性的发展，以致文化、人生失掉了平衡，因而发生了反理性的倾向，这是可以理解的。传统的价值观念，渐成为有躯壳而无灵魂，并且成为有权势者驱使无权势者的工具，因而发生反价值的倾向，这也是可以理解的。但问题在于："台湾有些人，对于西方这种插曲，不穷其源，不究其委，以为这是最新的东西（实际是最旧的），所以也是最好的东西。"

徐复观的结论是："现代之所以成为现代，正是以精神分裂作为其重要的特征。"这种"精神分裂"最集中的体现，就是"科学世界"与"价值世界"的分裂，人的生存手段与人的生存智慧的背离。这是最能体现现代性的东西。

"不思不想的时代"

在徐复观看来，现代人的"价值世界"的失落，在人的生存的各个方面都表现出来，但最为突出和最为关键的，是"思想"的困境与危机，是人类陷入了"不思不想"之中。他说："我们可以从各个角度来说明现代社会生活的特性。不思不想，大约也是现代社会生活特性之一。"甚至可以这样看，越是现代化的地方，便越是不思不想的地方。正是这样，他把现代化时代称之为"不思不想的时代"。

徐复观认为，人之为人的一个显著特征就是人具有"思想"，人只有通过"思想"才能建立和完善"价值世界"，如果人的"思想"一旦停滞，那么人的"价值世界"的失落也就不可避免了，人自身的存在也就面临困境和危机了。

为什么"现代文化的性格"会造成"思想"的失落呢？他进行了深入论析，指出这是"科学世界"的过分膨胀所起的整合-异化作用所造成的。他说："现代文明，是把人从属于自己所造出的机械。机械变成了主体，而人自己反成为机械的附庸。由机械的构造、活动的要求，而把人组织得比过去任何世纪更为紧密；但组织在一起的人们，彼此只有配合机械的协同动作。这种协同动作，与每一个人感情意志无关；因而很少有情感的交流、意志的结合。人与人的关系，变成了机械零件与零件间的关系。"这也就意味着，每一个人都被编入万能化的技术家政治及日益扩大的官僚政治之中，使每一个人不是以"一个人"的身份而存在，乃是以"大众"的身份而存在。当人成为机械的附庸，由"一个人"变为"大众"的时候，人的主体性也就丧失殆尽了，人的"思想"也就成了多余无用之物了，于是人也就"不思不想"了。

徐复观指出，这种"思想"的失落表现在许多方面，在道德上、在艺术上、在文学上、在人生态度上都强烈地表现出来。其中有两种形式，在他的笔下受到了专门的批判。

其一，在现代人的生活中，"感官机能"代替了"理性思维"。现代人面对生活，不再追问"为什么"，而只是问"怎么办"。"为什么"，作为"思想"的运用，无疑是一种充满理性的追问与思考，显示了"思想"所具有的向深度方面与广度方

115

面推展、扩大的特性。而"怎么办",虽然也是一种"思想"的运用,但却不曾通向自己的内心,不曾依凭自己的理性,常是以感官机能为主,把"思想"局限在事物的表层上,局限在事物的孤立的个体上,并不作深层的、总体的思考。在这种情况下,"思想"丧失了向深度方面与广度方面作推展、扩大的特性,也就近于"不思不想"了。在他看来,当时东京盛极一时的脱衣舞,可以说把这种"感官机能"推向了极端。他说:"在东京脱衣舞的后面,是隐藏着整个的世界和整个的文化的现代性格。现代人的生活情调在不知不觉中,正向此一方向发展。现代的文化,使现代人对于要看的东西,一眼便看到、看尽、看穿了。对于不能看到的东西,有如对女性的神秘感、艺术感,乃至羞恶之心等,则贬斥到虚幻的角落,而代替之以彻底地现实感与单纯化。"这种"思想"的失落,正是导致现代人道德沦丧、艺术没落、人生颓唐的思想根源。

其二,在现代人的生活中,只注意"思想对时代的适应性",而忽视了"思想对时代的批评性"。所谓"思想对时代的适应性",是指对时代所发生的新情势、新事物,负一种解释的责任,因而提供理论的根据,以加强新情势、新事物的发展速度与效能。这是顺着潮流走的"思想"。所谓"思想对时代的批评性",是指对时代某些成熟了的情势、事物,采取一种否定或怀疑的态度,因而从理论上促成某些事物的崩溃或加以纠正,并希望诞生更好的事物。这是逆着潮流走的"思想"。两者相比,后者的价值远大于前者的价值。然而,对现代人来说,更注重的是"现在",而不是"过去"和"未来";更习惯的是顺着潮流走,而不是逆着潮流走。因此,他们对"思想"的了解多只限于"思想对时代的适应性",而忽视了"思想对时代的批评性"。其结果必然是消解了"思想"所应作出的大部分的贡献。这种"思想"的失落的一种典型表现，就是在知识分子中弥漫着"商人的现实主义"。这种"商人的现实主义"，是把一切利益集结到金钱；而金钱的利益，又只凝缩到当下的一刻。一些知识分子在文化上的"赶热"与"追风"，丧失对"现在"的批判力，即是如此。

对于"思想"的失落，徐复观深感忧虑。他十分沉痛地说："假使人类有一天，只有工具的制造与使用，只有货物的生产与消费，而根本没有在现实上看不出有任何实用价值可言的'思想'，恐怕这个世界，在本质上只算是一个大动物园的世界。"也正是这样，他对科学主义思潮所鼓吹的科学万能论，作了尖锐的批判。他坚决反对夸大科学的作用，力主划定科学作用的界限，认为现时代只要配得上"思想家"称号的人，不约而同的是对科学的反省，而不是对科学万能的赞颂。他说，科学的目的本是在于把不可用数字测量的东西变成可以用数字去测量，把不可用耳目感官视听的东西变成可以用耳目感官去视听。科学在这一方面已取得了伟大的成就，不仅代替了人的体力劳动，同时也代替了人的一部分思想活动，最显著的例子莫如电子计算机的运用。但是，这并不是说科学能说明一切问题，能解决一切问题，其作用是无限的。他强调："在人类生活中，永远存在着只能由心灵去接触、而不能完全诉之于用耳目感官去感受的东西。这种不能完全诉之于耳目感官去感受的东西，并非等于不真实，更非等于不需要。站在人的生活立场来讲，或许这些东西即是最后的真实、最后的需要。宗教、道德、艺术这一属于'文化价值'系列的东西，便是如此。"只有看到科学作用的局限性，既重视"科学世界"，又重视"价值世界"，使这两个世界紧密地结合起来，互相支撑，互相促进，人类才能得到正常的合理的发展。

重估中国传统文化的价值

以这种对现代化与现代性的反思为中心，徐复观对中国传统文化的价值作了新的衡论和评估。

在对待现代化问题上，徐复观是肯定工具理性、科学技术在历史中的作用的，是强调中国需要科学、民主和现代化的，正如他所说："谁也不会怀疑中国需要现代化。"因此，他肯定了西方近现代文化对于全球性现代化运动的作用和意义，肯定了中国必须吸纳以科学和民主为标志的西方近现代文化。他说："孙中山、梁启超、梁漱溟、张东荪、张君劢、熊十力、唐君毅、牟宗三这些先生，有谁人不主张科学，有谁人不主张民主，有谁人反对吸收西方文化？"

但徐复观又从以西方近现代文化为标本的全球性现代化运动中，看到了工具理性、科学技术的无限制扩张所导致的人的异化，看到了由之而兴起的"技术官僚""文化生产""大众文化"的巨大负面作用，看到了这种异化与负面作用对人的扭曲和使人的单向度化，看到了这种异化与负面作用同西方近现代文化性格的内在联系，看到了当今世界因科技发展非常迅速，物质生活非常丰富，反而把人类推向各种根源性的危机。他指出，同西方近现代文化相比，以儒家精神为主导的中国传统文化，虽对知识、科学追求不足，在物质文明方面缺少足够的建树，但却在道德、艺术、价值的维护上成就斐然，足以在精神文化方面显示出优越性。也就是说，西方近现代文化有力地发展了人类的生存手段，而中国传统文化却积累了人类的生存智慧。在现代化进程中，中国传统文化曾因其局限而显示出被动、困顿的一面，但面对现代化所带来的"现代文化的性格"以及所产生的"现代文化的病根"，中国传统文化又因其优点而显示出积极、有为的一面。中国传统文化之长，正好弥补西方近现代文化之短，从而使现代人类克服现代化及其现代性的负面作用，得到健康全面的发展。他说："我相信由各种文化的不断接触互往，人类文化能向近于'全'的方面去发展。"他所说的人类文化之"全"，也就是使"科学世界"与"价值世界"的关系得到协调，相互支持，和谐发展，造福于现代人类，使现代人类健全和平地生存发展下去。

因此，徐复观在赞成中国进入全球性现代化运动的同时，在主张中国向西方近现代文化积极学习的同时，又力主重视、保持、守护中国传统文化，力主从中发掘出对维系现代人类的生存和发展有价值的活东西。他曾以他所熟悉的长江和汉水为例解释"传统"的现代意义。他说："所谓传统，是在不断地形成中进行；这种情形，使我想到小时候到武昌读书的一种感想。大家都知道，长江和汉水就在那地方交会；在汉水和长江交会之处，波涛汹涌，坐船从那里经过，要特别小心。并且在交会的地方，也可以看出水的两种颜色。这是因为汉水这一新力量加入时发生的冲激力所产生的必然现象。但是再往下不远，不但冲激力量消失了，甚至在交会处所看到的长江和汉水的两种颜色也分不出来了。长江之水，即是由这许许多多的新流加入，而不断形成的一条因有固定河床，因而是有规范的巨流。假定长江因汉水的加入而把河床冲垮了，便没有长江，也没有汉水。长江就如同传统，汉水及其他诸水，就如同加入传统中的新因素。"

对于胡适在文化观问题上的西化主张，徐复观持尖锐的批评态度。1961 年 11 月，美国国际开发总署主办的"亚东区科学教育会议"在台北开幕，胡适在开幕那天用英文做了题为《科学发展所需要的社会改革》的演讲，称："现在正是我们东方人应当开始承认那些老文明中很少精神价值或完全没有精神价值的时候了。"此言一出，随即遭到徐复观的怒斥。他写了《中国人的耻辱，东方人的耻辱》一文，指出："今天在报上看到胡博士在亚东科教会的演说，他以一切下流的辞句，来诬蔑中国文化，诬蔑东方文化。我应当向中国人，向东方人宣布出来，胡博士之担任'中央研究院'院长，是中国人的耻辱，是东方人的耻辱。"这篇痛斥胡适的文章，带有强烈的感情色彩，其中有不少激愤之词、意气之论，但这也极鲜明地反映了徐复观的文化保守主义主张，由此引发了 20 世纪 60 年代台湾学术界关于中西文化问题的论战。

正是这样，徐复观明显地属于文化保守主义者。但需要指出的是，这里的所谓"保守"，不是指的落后，不是指的僵化，也不像有的西方学者认为的那样具有反现代化的意思，而是在现代化进程中对中国传统文化的保持与守护；而这种对中国传统文化的保持与守护，不是向后看，不是不图进取，也不是发思古之幽情，而在于以治疗现代化所带来的"现代文化的性格"以及所产生的"现代文化的病根"，从而使现代化运动能够更健全、更健康地发展。由此来看徐复观的这些思想，确实是富有启发性的，值得今天的中国人在思考全球性现代化运动时借鉴和参考。

第10章

在学术与政治之间

在台港地区现代新儒家中，与唐君毅、牟宗三相比，徐复观不是那种纯书斋里的学者，他的人生、他的思想、他的心灵总是时时与时代相通的，总是面对动荡的时代而难以平静的。对于现实政治中的弊端，他总不计个人利害而大胆陈言。在这方面，他把传统的儒家抗议精神与现代的自由主义立场结合起来，使传统的儒家抗议精神具有新的时代气息，又使得现代的自由主义立场接上中国文化的传统。因此，在学术与政治之间进行思考和探讨，成为徐复观新儒学思想的一个鲜明的特点。在这方面，他留下了《学术与政治之间》和《儒家政治思想与民主自由人权》两部政治论文集及一大批政论性杂文。《学术与政治之间》甲集与乙集分别出版于1956年和1957年，后来又出版了两集合刊本。《儒家政治思想与民主自由人权》，出版于1979年。

对国民党失败的反省

1949年，徐复观作为一个国民党的上层官员，亲身经历了国民党在中国内地的失败，痛感自己革新中国的政治理想的破灭。这种痛苦的人生经历，促使他在退出现实政治后，即以很大的勇气对国民党的失败进行认真的检讨和反省。这种检讨和反省，成为徐复观在学术与政治之间进行思考和探讨的第一步。

在这一年9月16日出刊的《民主评论》第一卷第七期上，徐复观发表了《是谁击溃了中国社会反共的力量》一文。在这篇文章中，他从总结中国社会反共力量何以溃败入手，而将其根本原因归结于国民党自身的腐败，进而对国民党的腐败进行了深刻反省。这篇文章成了他反省国民党失败的代表作。

徐复观在文中明确指出，国民党的失败，在于失去了占中国人口最多的包括自耕农、中农、富农、一般工商业者、知识分子在内的"中产阶级"的支持；而"中产阶级"对国民党的失望、背离，是与国民党的严重腐败相联系的。这种腐败集中表现在两个方面，一是由孔宋财团所代表的财政金融，二是由国民党内派系所表演的派系政治。对于导致国民党失败的这两大腐败表现，他秉笔直书，痛加揭露，猛烈抨击。

徐复观指出，所谓孔宋财团，并不是专指孔祥熙、宋子文两个人。凡在政府及在社会上能从事主要经济活动的人物，多半与他们直接或间接有关，其活动性质与方式也大约一致。以孔宋财团为代表的金融政策，概括起来有七个特点：第一，他们仅凭票号与买办的知识经验来处理国家的经济问题，再无其他真正的现代经济知识，因而不能接受任何与国计民生有益的建议；第二，他们在"国家资本""战时统制"等好听的名词之下，把社会的资源财富集中起来，加以控制掌握，尤其是对金融机关的控制掌握，从而公开地占领国家的经济命脉；第三，他们除了公开的占领以外，并不放弃贪污行为，主要采取间接的手段，以限制他人、便利自己的方法，取得了交通、资源、资金的特殊便利，使正当的工商业无法生存，扼死了民族工业的生机；第四，因为他们是国家最有钱的人，所以自抗战以来一直反对实行"有钱出钱"的政策，一面造成财富畸形的集中，一面饿垮了军队、饿垮了公务员，从 1940 年夏到 1944 年夏因饿因冻致死的壮丁新兵远多于因作战致死者；第五，他们为要维系他们的经济地位，遂以不正当的手段，向有力的官僚送法币、送美金公债、送官价外汇、送低利贷款；第六，他们把私人投机的行为，扩大到政府的经济政策上去，于是政府不通过大经大法的经济政策来领导社会，而常以投机的方式与社会竞争；第七，他们把自己的亲戚爪牙分布到国家的各个重大的金融与企业中去，形成一个政府之上的"经济王国"，一方面使这批爪牙为自己效劳，成为该财团的大亨们完成以上目的的工具，一方面使这批爪牙分得利益，成为一个站在政府以外的特殊剥削集团。他总结说："在上述七大特色之下，使整个社会的经济活动，都卷入于投机舞弊的大浪潮中。大家在不合理的金融财政政策之下，只好也用不合理的手段，争取不合理的生存。不能或不肯加入投机舞弊浪潮中的人，便只有坐以待毙。……社会一切的道德、法制、信用等等，所有赖以维系人与人正常关系的精神因素，都破坏无余。"

徐复观又指出，国民党内部的派系政治与孔宋财团正是一对难兄难弟，其社会作用可谓异曲同工。国民党由"以党治国"退堕到"派系分国"，在 1927 年前后即已开始，不过当时各派系的内部仍有其政治上的活力；一直到抗战发生，各派系虽有其反作用，但也有其正作用；而到了 1939 年以后，则只有反作用，几乎没有正作用了，成为不可控制之局。这种派系政治，是在三民主义的空头支票掩护下，由各个人的封建自私所形成的。各人以自己的现实利害为中心，顺着血缘关系，由子女亲戚推及于同乡、同学、学生以及所谓"一手提拔之人"。每一有权力者所拿的尺度，都是与他自己亲疏厚薄的关系。凡是没有私人关系的，便一律排斥于各派系之外，也就是排斥于政府之外。"于是国民党之所谓'党'，变成了封建人事关系的许多小集团。但典型的封建社会，还有封建的道德加以维系。而现时的封建，毕竟是没落的东西，封建的道德已扬弃而转向为新的形态。于是封建关系的本身，便没有任何真正可靠的道德观念之存在。所以每一小集团的内容，都空虚动摇，并无真正的团结性。当各派各系互争之际，不断地截取中山先生的遗教中的一言半句，或社会流行的名词口号，以拱卫自己、打击别人。实际他们什么也不是，什么也不想，而只是想分得国家的权位。因为大家对于国家的权位，只当做满足私人欲望的工具去追求，权位只对他的欲望负责，而不对国家的问题负责，所以追求到手以后，决不发生真实的责任感，而只感到分的不够。分了这，又想分那。纷纷扰扰，穷年累月不休。"他感愤地说："派系政治，好似一个大粪坑，一粘上他便臭。他已经臭坏了中国性的三民主义，现在又臭坏了世界性的民主政治。"

徐复观的这些揭露和抨击，真可谓痛快淋漓。其实，这些想法早已酝酿成熟，如鲠在喉，不吐不快。他的结论是，要使国民党得到改造，恢复活力，只有根绝孔宋财团的遗毒和转变由派系自私所流转出来的孤立政治。在这里，"中山先生所倡导的天下为公，这应该是每一个忠实的国民党人反省的第一课"。

《我所了解的"蒋总统"的一面》

　　徐复观不仅对国民党提出了尖锐的批评，而且把批评的锋芒直接指向蒋介石。1956 年 10 月 31 日，正值蒋介石的 70 寿辰。蒋提出希望听到各界人士的批评意见，以进言代替祝寿，称："婉谢祝寿……均盼海内外同胞，直率抒陈所见，俾政府洞察舆情，集纳众议。"这本来是讲讲而已，装装面子，但台湾的一批自由主义知识分子却假戏真唱，果真搞了个进言祝寿活动。由胡适作后台、雷震所主办的《自由中国》第十五卷第九期，即以《祝寿专号》发表了一组向蒋提意见的文章。正在客居美国的胡适，为《祝寿专号》写了《述艾森豪总统的两个故事给"蒋总统"祝寿》一文，劝蒋介石"何不从现在起，试试古代哲人说的'无智，无能，无为'的六字诀，努力做一个无智而能'御众智'，无能无为而能'乘众势'的元首"，委婉地批评蒋的独裁专权。雷震又专门来到东海大学，约请徐复观写文章。徐复观写了一篇题为《我所了解的"蒋总统"的一面》的文章，对于蒋介石的个人性格的缺陷以及由此而招致的历史性失败作了直截了当的批评，也刊于《祝寿专号》上。可能是编者的有意安排，胡文在前，徐文在后，作互相呼应状。

　　徐复观在文中指出，蒋介石的失败，一个重要的原因，是由于他的"意志坚强"所致。这种"坚强"的"意志"，不仅使主观脱离了客观，而且阻碍了民主政治制度的建立，最终导致了政治上的大失败。对此，徐复观着重从理论上作了相当深入透彻的分析。

　　徐复观首先从认识论上进行了分析。他指出，"意志坚强"

是力量集中的表现，办成任何事情都得靠意志，尤其是度过混乱时代更是如此。但如果因个人意志而忽视了客观情况，以为仅凭意志即可办成任何事情，那又会导致失败。这是因为，意志虽然是个人的主观，但并不是说凡属主观的东西便有价值；主观之有无价值，是要看一个人构成主观的过程。一个人的主观意志价值之大小，和他在构成意志的过程中所了解的客观情况及接受客观不同意见之多少成一正比例。换言之，意志的主观是要通过一条客观的道路来形成，这种主观的意志才有价值。由直感及私人欲望而来的主观，缺乏广大的客观作基底的主观，是不能作高的评价的。一些政治地位太高、权力太大、而又保持得太久的人，即是如此。他们往往不能与客观事物作平等的接触，仅根据自己的直觉欲望来形成自己的意志，把由权力自身所发生的直接刺激反应误会为自己意志在客观事物中所得到的效果。这样一来，意志经常陷入与客观事物相对立而相持不下的状态，成为解决问题的一大障碍。在这种情况下，如果没有强的外的制约和深的内的反省，便很难逃过此一难关。他感叹地说："历史上许多英明之主，为什么晚年不如早年，在这里多少可以得到一点说明，而蒋公自身似乎也不曾跳出这种格局。"

在此基础上，徐复观又从政治哲学上加以分析。他指出，政治上为了实现主观的意志，必须形成一种客观的设施，有如典章法制及贯穿于典章法制中的各种原理原则。这些典章法制、原理原则，虽然是产生自人的主观意志，可是产生以后，则离开人的主观意志，而成为客观的存在，反转来要给人的主观意志以约束，使人的意志必须在它所约束的轨道内作合于轨道的前进，此时人的意志必甘心从属于这种客观的东西，受这种客观东西的支配。正因为如此，人的意志才能脱离

126

其转变无常的混沌状态，向一个条理分明的方向发展，不致陷于前后自相矛盾。而典章法制、原理原则，因其不属于某一个人的特定主观范围，系客观的存在，便可能成为多数人所共同承认的标准；一个人的意志，顺着这些共同的标准表达出去，这即是主观的客观化，个性的共同化，使国家的各种意志，能向一共同的方向凝结，不致陷于彼此间的矛盾。还有，典章法制、原理原则，当然不是代表不变的绝对性真理，但它比之一个人的意志，则有其更大的安定性与持久性。这些东西通过人的意志的努力而赋有血肉灵魂，而人的意志则通过这些东西可建立一条具体的、安定而持久的共同轨道。于是在一个国家中，不再是某一特殊意志在直接发生支配作用，而是这些为多数人所承认的客观东西在直接发生支配作用，这样国家才能建立起精神上的基础。因此，一个处于开创时代的伟大政治家，他的坚强意志必表现于建立这些客观的典章法制和有关的原理原则之上，并率先信守而贯彻之，他的努力才有结果。由此来看蒋介石，徐复观认为："蒋公似乎没有升进到这一步，于是他似乎常陷于主观与客观相对立之中，形成他精神和行为上的困惑，加以政治上客观性的东西建立起来以后，有些地方常常会和个人的脾气不合，这便有赖于自己的克制工夫；有的地方并不能有利无弊，这便有赖于高瞻远瞩的衡断；有的时候在实行上会发生许多困难，这便有赖于坚强贯彻的努力。蒋公似乎因为做不到第一点，便也做不到第二点和第三点（他的才力是可以做到的），于是他对于国家的政治问题，似乎有点像精力过分充沛的工程师，一个工程图案刚刚开始打桩画线，工程师又变了主意，重新再来；或者在一件工程的进行中，因工程师随时举棋不定的修改而不得不陷于停顿。加以有机会和蒋公亲近的干部，常要利用此一弱点，便以各种方法助长此一弱点。

因为只有在此一弱点之下，可以不顾客观的拘束性而得到政治上的暴利；于是使社会感到不是国家的典章法制在治理我们，我们不是在典章法制上得到政治生活的规范，而只是根源于蒋公及蒋公所信赖的少数人的主观意志，国家的典章法制似乎是在可有可无之中。这便使蒋公一世辛勤，但站在国家客观基础上说，几乎是所成有限。"

徐复观的结论是："不甘心于客观化的坚强意志，不甘心受客观制约的坚强意志，是古今中外悲剧英雄所走的道路，而我们的蒋公，似乎也是走的这一条道路；因为主观的意志有时好像能压服客观的要求，但这只是暂时的，表面的；客观的要求，最后必然会否定没有广大的客观作基底的主观意志。"在他看来，蒋介石的失败有其自身的必然性。

徐复观的这些批评，虽然语气与用词都极为婉转，但于当时，能如此直率地对蒋介石提出批评，却可谓石破天惊之论，在国民党极权统治下的台湾岛上引起了巨大的震动。胡适的文章，固然对蒋有批评，但毕竟人在大洋彼岸的美国；而徐复观的文章，则就是在台湾写的，可以说是面对面的直谏和批判。这一期的《自由中国》，成为人们争相购买、彼此传阅的刊物。据《雷震回忆录》的记载，该期《自由中国》先后印了十一次。

也正是这样，这一期的《自由中国》引起了国民党当局的极端不满。台湾"国防部总政治部"发出标有"极机密"印记的"特种指示"——《向毒素思想总攻击》，指责《自由中国》企图不良，颠倒是非，混淆视听，有不当的政治野心，是思想上的敌人，要求党内和军中刊物针锋相对，予以驳斥。"特种指示"中指出那些散布"毒素思想"的人，有"长居国外的所谓知名学者"，这显然是指胡适，还有"好出风头的所谓政论家"，这显然是指徐复观。而徐复观与蒋介石的关系，也由于他的这篇祝寿文章拉得更远。他由此成为特务们关注的"危险人物"。

但徐复观并没有因此而畏缩，继续与雷震等人保持着密切的关系，支持他们反对国民党的极权政治的斗争。1960年，雷震开始在台湾组织作为反对党的"中国民主党"，引起国民党当局的极度紧张，采取了严厉的镇压措施，引发了震惊世界的"雷震事件"：雷震被捕，判刑十年。徐复观悲愤异常，咏七律一首："飘风乍过万林暗，雾绕千峰夕照沉。一叶堕阶惊杀气，微霜接地感重阴。知无来日甘遗臭，好舐残羹漫黑心。辜负诗人悱恻意，空山苦作候虫吟。"在诗中，他对国民党当局表示了极大的愤懑，对雷震寄予了深切的同情。雷震入狱后，胡适等四十人曾联名请求蒋介石予以"特赦"，蒋介石说交"国防部"签注，结果不了了之。后来联合国人权组织致函台湾当局，要求赦免雷震的三分之一的刑期，蒋也置之不理。到1970年出狱，雷震在台湾新店军人监狱整整坐了十年牢，一天不少。对此，徐复观感慨万千，说："在我心理上，总感到他的十年监狱，是替我们要求民主的人们坐的。一想到这里，心中就非常难过。"

支持内地的改革开放

进入20世纪60年代中期后，徐复观对现实政治的关注点，逐渐转移到中国内地。其原因，一是中国内地自1966年开始了长达十年的"文化大革命"；二是徐复观自1969年从东海大学退休后移居香港任教，在香港能够比较直接地感触到中国内地的政治风云变幻。

对于"文化大革命"，徐复观始终持批评态度。他感到，"文革"的发生，正是中共长期的极"左"路线所致，对于国家民族都是一场空前的大灾难。正是这种对国家民族前途的忧虑，使他又拿起笔来，对"文化大革命"和极"左"路线进行尖锐的批评。为此，他在从事教学和研究的同时，又挤出时间写作了大量的时政杂文，用他的话说："每星期七天，五天时间我是面对古人，一天半或两天时间我又面对当代。这种十年如一日地上下古今在生活中的循环变换，都来自我们国家的遭遇对我所加的鞭策。"1976 年 1 月，周恩来逝世后，徐复观在香港公开发表谈话与文章表示深切悼念，称赞周恩来是"最完满的共产党员"，认为："国内海外及国际上，对周的一副深厚感情，不仅是由才能、功业所能换来的，而是从他的身上，大家不知不觉地，在烈风雷雨中，还能嗅到'人的意味'。……因为江青这一伙的各方面的表演（包括样板戏），太使人讨厌了，大家便更觉得周恩来的可爱。"1976 年 10 月，当听到中共中央一举粉碎"四人帮"的消息后，徐复观高兴地说"这真是好消息"，并很快撰文，把这一事件称为"事有必至，理有固然"，强调"只有把这一小撮人除掉，中共的统治阶层，才能恢复自己生存的信心，才有做真事、说真话的可能性"。他还同时断言："目前唯一能笼罩全局，担当艰巨的，只有邓小平一人。"从那时候起，他就寄中国的希望于邓小平。

"文化大革命"结束后，以邓小平为代表的中国共产党人冲破重重障碍，拨乱反正，解放思想，打开了改革开放的新局面。徐复观在香港发表文章，作出及时评价和响应，旗帜鲜明地赞扬"邓小平所代表的实事求是的作风"，表示予以积极的支持。

1977 年 9 月 28 日，陈云在《人民日报》发表《坚持实事求是的革命作风》一文。徐复观就敏锐地从中读出了中共领导层内反对极"左"路线的呼声，撰文指出："陈氏只举毛与'左倾'斗争的例子，分明认定四人帮及其遗毒是由'左倾'而来的，这可以说是良知良识的认定。"他认为，这一反对"左倾"的呼声，与一年来内地报刊上说的"四人帮"及其遗毒是来自他们"极右"本质的观点，恰成一个十分鲜明的对照，反映了中国共产党领导层对"文革"反省的深化。

1978 年 3 月 18 日，邓小平在全国科学大会开幕式上作了重要讲话，强调"科学技术是生产力"。徐复观予以了高度评价，撰文指出："邓小平的讲话，不仅把被四人帮卡死的知识分子及其所掌握的知识，重新救活回来；并且把社会主义体制中一直纠缠不清的问题，也提供了科学的明确概念，而使其前进了一大步。他首先指出'科学技术是生产力'；科学技术的发达，即是劳动效能的提高，即是生产力的提高，即是为合理的'生产关系'提供了'物的'根据。这在历史和现实的广大经验中，难道说不是一条真理吗？在此一前提之下，从事科技研究的脑力劳动者，乃是为了提高体力劳动的效能，减轻体力劳动的辛苦，最后减少体力劳动的需要，与体力劳动者，都是为了提高生产力而工作的。他们的地位，不在体力劳动者之上，也不应在体力劳动者之下，而是劳动的'分工'，因而也是'劳动者'。难道说邓所说的这类的话在理论上与现实上有什么错误吗？1970 年前后，我常常想，针对传统知识分子的不忠于知识，并且骑在体力劳动者头上的情形说，毛泽东的知识分子改造，不是没有道理。但他因此而轻视知识，轻视脑力劳动，却体认不到真正从事脑力劳动者所受的来自研究对象的压力与精力上的辛苦，决不在体力劳动之下。这一点，直到邓小

131

平才把它摆平了。"

1978 年下半年，随着真理标准问题大讨论的逐渐深入，邓小平等中共领导人明确提出恢复党的实事求是的思想路线。徐复观对此作了积极肯定，认为："'实事求是'四个字，对解决问题，已有很大的概括性、实效性、开创性；在思想大泛滥、大混淆之余，活用二千年前汉河间献王的四个字，有破伪显真，一面澄清，一面推进的意义。"

对于内地在改革开放中所出现的新气象，徐复观由衷地感到欣慰。在致故乡友人柴曾恺的信中，就不时流露出这种心情。如在 1979 年 6 月 23 日的信中说："现五届人大二次会议，强调民主法制，祖国将从此步入坦途。"又如在同年 12 月 20 日来信中说："现闻农村已较有生气，农民生活亦得改善，为之喜慰不已。"

徐复观的这种态度，正如他自己所说的，是"在震荡中坚守国族的立场，维护国族的利益"，因而"不知不觉地与大陆人民共其呼吸"。

一颗伟大的中国心

徐复观在对中国政治问题进行思考和探讨时，十分重视思考与探讨同这一问题密切相关的中国知识分子问题。在他看来，中国知识分子虽然人数有限，但却是中国文化的承担者，对中国政治的性格、命运与走向，对中国文化的过去、现在与未来，都起着决定性的作用。而热爱自己的祖国和民族，正是一个真正的中国知识分子的正确立场。他说："传统的、很严正的中国知识分子，在人生上总是采取'忧以天下，乐以天下'的态度。齐家、治国、平天下，在中国知识分子的人生观中，认为这是修身所要达到的目的，亦即是认为家、国、天下与自己之一身，有不可分的关系，因而对之负有连带的责任感。"

在这方面，徐复观不仅赞扬孔子、司马迁这些历史上的知识分子，而且赞扬了陈垣、余嘉锡这些现时代的知识分子。在抗日战争期间，陈垣、余嘉锡于沦陷区中满怀悲愤之情，以自己的史学著述来表达对日本侵略者的反抗。徐复观通过对这些史学著述的解读，发掘了蕴含于其中的思想内涵，撰写成《一个伟大知识分子的发现》一文，高度肯定了这些史论中所流露出的崇高民族气节。他说："十年前，我偶然读到陈垣先生的《通鉴胡注表微》，他把胡三省在元人统治之下所激发的民族感情，一寄托于他所著的《通鉴注》里面，彻底阐发出来，盖即以此表示他居夷处困中的民族志节，我读时非常感动。"又说："于香港书肆书目中见有《余嘉锡论学杂著》二册，亦辗转托人买到；……以欣慰之情，随便翻阅下册中的《杨家将故事考信录》，始发现余氏对民族忠义之气，郁勃不能自制，乃借此文以发之，其处境，其用心，与陈垣氏相同，而其愤悱振励，一往直前，或且过之远甚，读时不觉为之流涕。"在徐复观看来，陈垣、余嘉锡这样的知识分子，才真正算得上中国知识分子的代表。在他们的身上，体现了中国文化的真精神，体现了中华民族的真精神。徐复观感慨地说："只有在中国文化中才能孕育出这样的伟大书生，但并没有被社会真正发现。"

徐复观赞同自由主义倡导的民主政治，但并不赞同一些自由主义者所提出的中国知识分子应当着重确立西方式的权利与义务观念的主张。他认为，个人与国族相比，国族更为重要；中国知识分子固然要确立自己的权利和义务，但更为重要的是热爱自己的国家和民族。在他看来，只有"先天下之忧而忧，后天下之乐而乐"的知识分子，才是知识分子个人主义的"正种"。而那些自我中心的个人主义者，必然地一转眼便会变成为奴才主义者：面对权势，自己是奴才；在自己可以支配的范围内，则把他人当作奴才。因此，徐复观强调，中国知识分子必须与国家民族同呼吸共命运，必须把国族的观念置于个人的意见之上，把国族的利益置于个人的利益之上。他断然表示："我决不相信，在精神上没有自己的民族国家的人，能具备有独立性、创造性的自由人格。"

台湾一些知识分子在争取民主自由的旗号下所进行的分裂中国活动，更为徐复观所坚决反对。他敏锐地意识到，当时刚刚出现的"台独"活动，就是这样一种值得警惕和反对的倾向。早在1972年，他就写了《"台独"是什么东西!》一文，旗帜鲜明地反对"台独"。他在文中指出："人民对政府的批评乃至反对，这乃是每一个有宪法的国家所规定的重大基本人权。站在这一立场来说，对台湾的独立运动，虽然得不到多数人的同情，但仍应加以宽容，仍应加以尊重。这是民主政治中多数保障少数的大原则。但人民有反对政府的权利，没有反对自己的国家民族的权利。政府可以宽容反对政治设施者的意见，但不能宽容反对自己国家民族者的意见，除非政府自己走上了反国家民族的路。非常不幸得很，'台独'分子中的许多人，居然走的是反国家民族的路线。"他认为，对于这条"反国家民族的路线"必须坚决反对，不能宽容。在20世纪的中国，徐复观是首先站出来批判"台独"的著名学者。

总之，徐复观始终以国家民族为知识分子的良心与知识的归结。对于那些忘记甚至背叛自己的国家民族的知识分子，他深恶痛绝，愤怒谴责。在他看来："一个知识分子忘记了自己的国家民族，甚至为了一时的恩怨、利害，而走上了与自己的国家民族为仇之路，这种知识分子的良心固然成问题，他所得到的知识也必然成问题。"他悲愤地说："人世间，若有一种学说，若有一种信仰，使人厌离自己的祖国，仇视自己的乡土，对自己祖国、乡土的苦乐利害漠不关心，甚至以'谓他人父''谓他人母'为一己的莫大光荣，则这种学说、信仰的本身，即是一种莫大的阴毒与欺诈。"可以说，徐复观对于知识分子、对于知识分子的良心与知识，有着自己的深刻理解；而这一理解的不可动摇的基石，就是他的对国家民族的挚爱。晚年的徐复观，曾把自己十分欣赏的梁启超的两句诗"世界无穷愿无极，海天辽阔立多时"，改为"国族无穷愿无极，江山辽阔立多时"，来表达自己的所思、所想、所愿、所为。这两句改动后的诗，真可以说生动而集中地体现了徐复观的终极关怀与理想追求。

透过徐复观的这些文字和思想，可以深深地感触到，在他的生命中，始终跃动着一颗炽烈的伟大的中国心！

第 11 章

生命的最后历程

1969 年，徐复观从任教十四年的东海大学退休。离开东海大学后，他本想到台北的台湾大学哲学系任教，但由于台湾国民党当局的政治压力，台湾大学改变了原来的聘任计划，这个打算未能实现；他又试图到台北的辅仁大学或东吴大学任教，也由于同样的原因没有如愿。台湾国民党当局的意图很清楚，就是利用徐复观离开东海大学的机会，使他难以在台湾立足。正在这时，唐君毅来台湾，请徐复观到香港中文大学新亚书院任教。徐复观为了有一个生存和思想的空间，不得不离开台湾，移居香港。从这时起，直到 1982 年逝世，是徐复观生命的最后一段历程。

移居香港

到香港后，徐复观成为香港中文大学新亚书院客座教授。新亚书院原是由钱穆、唐君毅、张丕介等人于 1949 年创办的一所独立学院。著名新儒家学者钱穆长期任新亚书院院长。他为新亚书院所确立的办学主旨是："上溯宋明书院讲学精神，旁采西欧大学导师制度，以人文主义之教育宗旨，沟通世界中西文化，为人类和平社会幸福谋前途。"在以后十余年中，新亚书院走过了相当艰难的办学道路，经过钱、唐、张等人的惨淡经营，逐渐得到发展，成为台港地区现代新儒家的一个教育基地。1953年，新亚书院设立新亚研究所。至20世纪60年代初，新亚书院发展成为有哲学、历史、中文、数学、生物、物理、化学诸学科的综合性学院。1963年，新亚书院与崇基书院、联合书院合并成香港中文大学。独立的新亚书院就此而告结束。以后新亚书院作为香港中文大学的一个学院继续存在。对于新亚书院及其精神，徐复观有过很高的评价，称新亚书院是钱穆的名望、唐君毅的理想主义和张丕介的顽强精神互相结合的产物；"新亚书院的创办精神，乃是有自觉的中国智识分子的堂堂正正的共同精神"。对于艰难创办中的新亚书院，徐复观总是积极地予以帮助。新亚书院教师的文章，多在《民主评论》上发表；新亚书院的经费，也由徐复观设法资助。后来牟宗三回忆说："那时新亚书院初成，极度艰难，亦多赖民主评论社资助，此亦徐先生之力。所谓新亚精神实以《民主评论》之文化意识为背景。人不知此背景，新亚精神遂亦漫荡而无归矣。"当徐复观来港任教时，虽然钱穆已离开新亚书院到台湾定居，但唐君毅、牟宗三都在新亚书院。唐、牟、徐，这三位熊十力的弟子、台港地区新儒家的代表人物，此时又走到了一起。三大儒的会合，使新亚书院再度处于兴盛时期。

与东海大学相比，徐复观在香港的居住条件要差得多。徐复观与夫人两位老人挤在一套仅二十多平方米的住房里，小小的书房里从上到下都是书，只有一张书桌供徐复观伏案工作，连转个身都困难。经济上一度也很紧张，徐复观在1971年给一位东海大学时期学生的信中说："住在台湾，不外乎勉强能生活，来港后便不行。中大、港大，只能兼课，兼课并不能够吃饭，所以这一个月来，为此相当苦恼。"但生活的坎坷没有使徐复观倒下，反而更激发了他的斗志，使他发奋研究、发奋写作。

到香港后，徐复观把学术研究的重心集中到汉代思想史上。他的最大的一部学术专著《两汉思想史》一至三卷，就是在这种境况下完成的。这部长达一百万言的专著，成为当代两汉思想史研究的开创之作和奠基之作，一些研究者给予了很高的评价。著名台湾学者蔡仁厚认为："两汉思想的研究，最能显示徐先生学术研究的功力"；著名香港学者刘述先认为："最能代表他的学术价值的还是他晚年的'两汉思想史'研究。"徐复观后来深有感触地谈到这一点，说："别人越是打击，你越是要奋斗。不到香港，写不出《两汉思想史》。"除了《两汉思想史》外，徐复观还完成了《周官成立之时代及其思想性格》《中国经学史的基础》两部与之相关的专著。而这时的徐复观，其思想亦更趋深刻与圆熟。他在 1979 年发表的《向孔子的思想性格回归》一文，就典型地体现了他对孔子思想和现代新儒家哲学的独到理解，明确地标示出与熊十力诸师友重建形而上学所不同的消解形而上学路向。可以说，移居香港时期，是徐复观在学术上的一个重要的收获期。

心系故乡

自 1949 年离开中国内地后，回内地、回故乡就一直成为徐复观的梦想。他曾写过一篇题为《旧梦·明天》的杂文，表达了他的这一梦想。他写道："我也和许多人一样，把一切的希望，都安放在'明天'。而一说到明天，当下所涌出的便是返归故里的'旧梦'。"但长期以来，实现这一梦想对于他来说实在太渺茫，他只好把自己对故乡的忆恋寄托在乡邦的文献上。他曾为在台湾出版的《湖北文献》写过一篇题为《乡邦的文献工作即是复兴中华文化的工作》的文章，文中写道："复兴中华文化的意义，非只一端。保持对自己民族的记忆，由此以激发、凝集大家的意志，规整、策励大家努力的方向，这在今天来说，应当是许多意义中的重大意义之一。保持对自己民族记忆的方法，也非只一端。发扬乡邦的文献，彰显乡邦的山川人物，由此以使大家精神，通过乡土之爱而与祖国的山河大地，发生特别亲切的关联，这对我们流亡海外的人来说，应当是许多方法中的重要方法之一。"他还动情地表示："我是湖北人，假定我有机会，我会对湖北文化特别重视。"直到中国内地开始改革开放后，徐复观的这一梦想才有了变成现实的可能。重回内地和故乡，成为徐复观晚年的一大心愿。

以邓小平为首的中共领导人没有忘记徐复观。1980年5月，廖承志从美国治病回国途经香港，与徐复观会面晤谈。这是徐复观自离开延安后再度与中共领导人交谈。在会晤中，徐复观主动打破隔膜，对廖承志提出："我想提点意见好不好？"廖承志听后一惊，说："那太好了。"于是徐复观提出了几点意见。他认为，大陆方面目前不要积极地谈统一问题。统一不统一主要决定于大陆的民主与法制进步的情形。大陆的民主与法制有了基础，就可以使外面的人相信，任何人都不能阻止国家的统一。他又提出，私有制是人类文明的起源。我不反对社会主义，但我觉得应该恢复一点私有。人总得自己掌握一点什么，才能够有创造能力。如果连生存权利、生活条件都受支配的话，社会就很难进步了。他还谈到，马列主义是外来的东西，虽然也有合理的成分，但比之中国传统文化中的合理部分，后者更讲得清楚，更容易被中国人接受。因此，我希望中共能够发扬传统文化中的民主主义思想。这几点意见，既是徐复观对中共的批评，也是他对中共的希望。今天回过头来看这些意见，确实包含了不少有远见的建设性的内容。这些内容，在以后二十多年间，已逐渐为中共领导人在方针政策中所采纳。这些积极坦诚的建言表明徐复观总是把中华民族的利益置于党派利益之上的。在会晤中，廖承志代表邓小平邀请徐复观访问大陆，来北京聚晤。徐复观感到时机尚不成熟，婉言谢绝了邀请。

然而，徐复观的心已飞回离别了三十多年的内地，飞回离别了三十多年的故乡。早在 1979 年 12 月 20 日，他在致故乡友人柴曾恺的信中，就明确地表示："一两年内，极欲返鄂一行，届时自当拜候。万一在港随草露以俱化，如得政府许可，亦当埋骨灰于桑梓之地。"在这里，徐复观明确地表达了重回大陆和故乡的急迫心情，也表达了他希望逝世之后移骨灰回故乡安葬的愿望。

生命的余光

但徐复观的回故乡之梦，终究由于他的健康状况，而未能成为现实。1980 年 9 月，徐复观赴台湾参加"国际汉学会议"，会后到台湾大学医院进行身体检查，发现患胃癌，当即进行了手术。

这场重病，使徐复观感到，时间对他来说已经不多，而他还有许多思想要写出来，还有不少愿望有待实现，这些都得赶快去做！他平生没有写日记习惯，这时却开始写日记。其之所以写日记，是因为他深深感到来日不多，应当特别珍惜。从日记中可以看出，他抓紧有限的人生作最后的搏击，努力把生命的余光全部焕发出来。

最让徐复观焦虑的，是他尚未完成的《中国经学史的基础》一书。该书的第一部分《先汉经学的形成》，已在手术之前写完；该书的第二部分，也是该书的主体部分《两汉经学史》，到手术时还未动笔。徐复观为此十分着急。他对前来看望的老朋友们难过地说："已活了这么大的年龄，应当死了；可惜我想写的《汉代经学史》，竟没有动笔的机会！"在他看来，这是个冷门题目，"我不动笔，当代更无人肯动笔的"。正是这样，徐复观动手术出医院后，顾不得多作休息，就投入《两汉经学史》的准备工作；从 1981 年 1 月起，开始集中精力写作《两汉经学史》。为了省出宝贵的时间，他甚至不再像过去那样偶尔陪夫人看电影、参加一些文化活动。两个月后，徐复观夫妇赴美国看望儿女，在大洋彼岸小住半年，并利用美国的医疗条件作进一步的病情检查。但亲人团聚，异国风光，问医看病，都没有影响《两汉经学史》的写作，他每天都要坚持工作三四个小时。终于，在美期间，他连续写出两稿，基本完成了《两汉经学史》的西汉部分。《两汉经学史》的东汉部分，徐复观已收集了有关资料，但由于癌症的全身扩散，最终只好放弃。他将已完成的《先汉经学的形成》和《西汉经学史》两部分书稿合在一起，成《中国经学史的基础》一书出版。在该书《自序》中，徐复观记述了写作的艰苦历程，感慨地写道："这里的两篇文章，前一篇写成于胃癌已经发作之际，后一篇写成于胃癌手术后的疗养之中，文字拙劣、论证谬误的地方，更为难免，我恳切希望能得到关心此一问题的学者们的教正。"

这是他的最后一部学术专著。书稿于 1981 年 12 月 28 日整理就绪，由香港寄至台湾学生书局，该书于 1982 年 5 月出版，这时徐复观已经辞世了。

自美返港后，徐复观又着手准备参加将于 1982 年 7 月在夏威夷大学举行的"国际朱熹学术讨论会"。为此，他开始重新阅读程朱著作，写作题为《程朱异同》的会议论文。从他的日记上看，这篇文章写得相当艰苦，以至终日只写三四百字。这一方面是由于他的癌症已开始转移，筋骨酸痛，体力难支；另一方面是由于他晚年的精力集中在汉代思想史研究上，宋明理学并非研究的重点。但徐复观以超人的毅力坚持写作，终于使这篇四万字的长文在 1982 年元旦过后完成。这是他所完成的最后一篇长篇学术论文。在这篇论文中，明确提出"为己之学"是由孔、孟以至程、朱、陆、王的中国思想史的主轴线和总特点。这是徐复观对中国思想史所作的最后的"现代的疏释"，是他用自己的生命所得出的结论。文章完成后不久，由于病情突然加重，他只好放弃参加会议的打算。这次会议，是中国内地改革开放后第一次派出学者出席的国际中国哲学会议，著名哲学家冯友兰也出席了这次会议。而徐复观却因天不假年，不得与会，不能不说是一件憾事。

临近生命终点的徐复观，除了奋力完成著述外，还强烈地希望能实现探访大陆的夙愿。1982 年 1 月 3 日，他在给山东故友、亚里士多德《形而上学》一书中译者吴寿彭的信中说："弟返祖国旅行事，现在考虑胃癌治愈后，须少食多餐，如何安排途中饮食。今秋冬间，拟可与兄在曲阜握手。"但至 2 月初，徐复观病情突然加重，不得不再度住进台湾大学医院；数日后即下半身麻痹，病情更趋恶化；探访大陆，拜谒孔陵，重回故乡，这时都已成为不可能之事。

在台湾大学医院里，徐复观度过了最后一个多月的时光。在这段最后的时光里，他仍然没有停止思考与探讨，在病痛中留下了最后的一批文字，记录了他生命的最后的一段历程。

徐复观在病榻上口述了《中国思想史论集续编自序》，其中写道："余自八岁受读以来，小有聪明而绝无志气。四十年代，始以国族之忧为忧，恒焦劳心力于无用之地；既自知非用世之才，且常念熊师十力亡国族者常先自亡其文化之言，深以当时学风，言西学者率浅薄无根无实，则转而以'数典诬祖'（不仅忘祖而已）为哗众取宠之资，感愤既深，故入五十年代后，乃于教学之余，奋力摸索前进，一以原始资料与逻辑为导引，以人生社会政治问题为征验，传统文化中之丑恶者，抉而去之，惟恐不尽；传统文化中之美善者，表而出之，亦惧有所夸饰。三十年之著作，可能有错误，而决无矫诬；常不免于一时意气之言，要其基本动心，乃涌出于感世伤时之念，此则反躬自问，可公言之天下而无所愧怍者。然偶得摸入门径，途程尚未及千万分之一，而生命已指日可数矣。"这篇文字，一气呵成，深沉凝练，成为他人生的最后一篇文章，也是他全部学术生命的自我总结。

病重中的徐复观立下了遗嘱，开篇即云："余自四十五岁以后，乃渐悟孔孟思想为中华文化命脉所寄，今以未能赴曲阜亲谒孔陵为大恨也。"他又口吟七律一首，表达自己最后的心境："中华片土尽含香，隔岁重来再病床。春雨阴阴膏草木，友情默默感时光。沉疴未死神医力，圣学虚悬寸管量。莫计平生伤往事，江湖烟雾好相忘。"这些最后的文字，记录了徐复观的遗爱与遗恨。他爱自己的祖国和祖国的文化；他恨天不假年，使他不能再继续从事中国文化的"现代的疏释"，不能有机会回到阔别三十多年的祖国大陆。

面对前来照料和探望的学生们，徐复观仍然没有忘记一个教师的职责，用最后的气力重申着自己的思想，留下了一段段宝贵的教诲。他说："无真实国族社会之爱，即不可能有人类之爱；无人类之爱，则心灵封锁鄙恶，决不能发现人生。此种人，此种作品，皆与文学无关。"又说："求知是为了了解自己，开辟自己，建立自己，是为为己之学。求知必然是向外向客观求，此历程与希腊学统同。但因为己而自然作向自身生命生活上的回转，合内外之道，合主客为一（以天下为一家，万物为一人），贯通知识与道德为一，此乃吾国学统所独。应由此以检别学统中之真伪虚实，开辟无限途轨，并贯通于文学艺术。"还说："做学问不怕慢，只怕不实。治中国哲学者应以一步登天为大戒。"这种情景，使人极易联想起李商隐的"春蚕到死丝方尽"的千古绝唱，也使人极易联想起徐复观在《春蚕篇》这一散文名篇中对李商隐这句诗的诠释："春蚕的丝，是从它自己的生命力中化出来的。它的生命力何以不消停在自己的生命之中，而一定要化成一缕一缕的丝，把它吐出在自己躯壳的外面？而且一直要到把自己的生命力化完吐完为止？这真是一个生命的谜，也是一个生命的悲剧性的谜。"徐复观也就是这样的"春蚕"，他把自己的生命的一丝一缕都最后地吐了出来，留给了神州大地，留给了中华民族。

融入故乡的泥土地

1982 年 4 月 1 日，徐复观逝世于台湾大学医院。1987 年 10 月，遵照徐复观的遗愿，他的骨灰由幼子徐帅军移回故乡浠水，安葬于故乡的泥土地中。这位从巴河岸边走出的"农村的儿子"，最后终于回到故乡，与这片生他养他的乡土永远地融合在一起。诚如他自己所说："落叶归根。归根之念，也正是知识分子良心的自然归结。"

而也就在 1987 年，徐复观的著述与思想开始受到中国内地出版界和学术界的关注。这一年之中，有两件事与徐复观相关：一是《中国艺术精神》由辽宁的春风文艺出版社出版，这是徐复观著作在 1949 年后第一次在中国内地出版；一是方克立、李锦全两教授主持的现代新儒家思潮研究课题组成立，将徐复观列为课题组重点研究的现代新儒家代表人物之一，由此而开展了对徐复观的专门性研究。

本书作者长期在武汉大学学习与任教，于 1987 年有幸参加方克立、李锦全两教授主持的现代新儒家思潮研究课题组，按课题组分工承担了徐复观新儒学思想的研究工作。从此，本书作者以一个湖北学子对湖北文化的深切体验，持续开展、逐步深化对于徐复观其人其学的研究。二十年来，本书作者著有研究专著《徐复观学术思想评传》（北京图书馆出版社 2001 年出版），撰有《徐复观学案》（收入方克立、李锦全主编《现代新儒家学案》，中国社会科学出版社 1995 年出版），编有研究论文集《徐复观与中国文化》（湖北人民出版社 1997 年出版），编有徐复观著述选集《中国人文精神之阐扬——徐复观新儒学论著辑要》（中国广播电视出版社 1996 年出版）、《徐复观文集》五卷本（湖北人民出版社 2002 年出版）。

经过近二十年的努力，武汉大学在今天已成为徐复观研究中心。1995 年 8 月，武汉大学与台湾东海大学在武汉联合举办了"徐复观思想与现代新儒学发展"学术讨论会，这是在中国内地首次举行的研究徐复观思想的专题学术讨论会。2003 年 12 月，武汉大学举办了"徐复观与 20 世纪儒学发展"海峡两岸学术研讨会，以纪念徐复观百年诞辰。这两次学术研讨会，使中国内地学术界对徐复观其人其学逐渐有了深入的了解，有力地推进了中国内地徐复观研究的开展。参加这两次会议的海峡两岸学者，都曾前往湖北浠水祭扫徐复观墓，向这位热爱祖国、热爱乡土的著名学者表示怀念和敬意。

值得重视的是，最近十年间，中国内地的一批年轻博士研究生开始以徐复观思想为选题撰写博士学位论文，从而进一步推动了徐复观研究的开展。目前已经出版的博士论文有：肖滨著《传统中国与自由理念——徐复观思想研究》（广东人民出版社 1999 年出版）、王守雪著《人心与文学：徐复观文学思想研究》（郑州大学出版社 2005 年出版）、蒋连华著《学术与政治——徐复观思想研究》（上海三联书店 2006 年出版）、耿波著《徐复观心性与艺术思想研究》（中国传媒大学出版社 2007年出版）、张晚林著《徐复观艺术诠释体系研究》（上海古籍出版社 2007 年出版）、刘桂荣著《徐复观美学思想研究》（人民出版社 2007 年出版）。

这些研究工作的持续深入的开展表明，徐复观的生命确实是与自己深深热爱着的乡土融为一体了。徐复观曾以他熟悉的长江和汉水为例解释"传统"的意义，而他自己也像汉水、像巴河最后注入长江一样，在经历了曲折的人生道路和复杂的心路历程之后，也把自己的思想和风骨汇融入我们民族的伟大的传统之中。正是这样，当我们回溯中华民族的传统的时候，自然不会忘却这位出自巴河而又归至巴河流域泥土地的现代新儒学大师。只要这片土地存在着，只要这个传统存在着，他就存在着。

附　录

年　谱

1903年　1月31日，出生于湖北浠水一个偏僻山村的贫苦农家。

1911年　在任乡村教师的父亲指导下发蒙读书。

1915年　考入浠水县高等小学，到县城上学。

1918年　小学毕业，考入设在武昌的湖北省立第一师范学校。

1923年　自湖北省立第一师范学校毕业，后考入设在武昌的湖北省立国学馆。

1926年　结束湖北省立国学馆学习，投身大革命洪流，开始接触孙中山的三民主义，并由之而接触马克思主义。

1927年　担任大革命时期的湖北省商民协会宣传部长、民众会议主席，亲历大革命失败后的白色恐怖。

1928年　赴日本留学，先后就读于明治大学经济系和陆军士官学校步兵科。同时，广泛阅读各种日文马克思主义书刊，研究马克思主义的哲学、经济学和政治学。

1931年　与留日同学一起举行活动，抗议日本发动侵略中国东北的"九一八"事变，遭日本当局逮捕和监禁，随后被驱逐回国。

1932年　回国后生活困顿，经友人介绍到广西国民党军队中任职。

1933年　担任国民政府内政部长黄绍竑的幕僚。受黄委派率若干人员乘四辆美制汽车前往新疆侦察，以了解进军新疆沿途的交通、给水情况。

1935年　黄绍竑调任浙江省主席兼沪杭甬指挥军，随黄前往杭州，参与秘密筹备上海、浙江一带抵御日军入侵的军事防卫工作。与王世高小姐结婚，以后两人共同生活了近半个世纪，育有四个子女。

1937年　抗日战争爆发，黄绍竑任湖北省主席兼第二战区副司令长官，随黄参加山西娘子关战役。

1938年　前往武昌珞珈山的武汉大学，参加蒋介石亲自主持的团以上军官集训。

1943年　奉国民政府军事委员会军令部的派遣赴延安，任驻八路军联络参谋，历时半年。在延安与毛泽东等中共领导人多有往来，多次与毛在窑洞中畅谈政治与学术。年底由延安回重庆，提交《中共最近动态》报告，受到蒋介石的器重和提拔，开始作为蒋的高级幕僚参与国民党高层工作。与熊十力开始书信往来，并前往北碚勉仁书院拜见熊十力，由此成为熊十力的学生。

1946年　开始对国民党统治失望，以陆军少将呈请志愿退役，结束军旅生涯。

1947年　和商务印书馆合作，创办纯学术性月刊《学原》，至1949年停刊。

1949年　于香港创办《民主评论》，至1966年停刊。《民主评论》成为20世纪50~60年代台港地区现代新儒学思潮的主要舆论阵地。离开大陆，定居台湾台中，从此退出国民党高层政界。

1952年　受台湾省立农学院院长林一民聘请，成为农学院兼任教师，由此走上执教大学的新的人生道路。

1953年　改任台湾省立农学院专任教师。

1955年　东海大学在台中建立。受东海大学校长曾约农聘请，任东海大学文学院中文系教授兼系主任。

1958年　元旦，与牟宗三、张君劢、唐君毅联合署名发表《为中国文化敬告世界人士宣言——我们对中国学术研究及中国文化与世界文化前途之共同认识》。这篇宣言成为台港地区现代新儒学思潮兴起的标志。

1969年　从任教十四年的东海大学退休。由于台湾国民党当局的政治压力，难以在台湾立足，前往香港中文大学新亚书院任教。

1976年　密切关注中国内地政治局势的重大变化。1月，周恩来逝世后，著文《悼念周恩来先生》《周恩来逝世以后》，表达对周恩来的深切怀念。10 月，欣闻粉碎"四人帮"，著文《事有必至，理有固然! ——论江青们的被捕》，表示积极的支持。

1977 年　赴美国参加"清初学术讨论会"，并探视儿女，游历美国。著文《中共目前的困扰——陈云一篇文章所反映出的问题》，旗帜鲜明地赞扬"邓小平所代表的实事求是的作风"。

1979 年　在致故乡友人的信中表示："一两年内，极欲返鄂一行，届时自当拜候。万一在港随草露以俱化，如得政府许可，亦当埋骨灰于桑梓之地。"

1980 年　廖承志从美国治病回国途经香港，与徐复观会面晤谈，代表邓小平邀请徐复观访问大陆，来北京聚晤。到台湾大学医院进行身体检查，发现患胃癌，当即进行手术。

1981 年　赴美国探视儿女，对病情进行检查治疗，同时抓紧时间写作。

1982 年　2 月初，病情突然加重，住进台湾大学医院治疗。4 月 1 日，病逝于台湾大学医院。

1987 年　骨灰由幼子徐帅军移回故乡湖北浠水安葬。

主要著作

1. 《学术与政治之间》（甲集），台湾"中央书局"，1956 年。

2. 《学术与政治之间》（乙集），台湾"中央书局"，1957 年。

3. 《中国思想史论集》，台湾东海大学，1959 年。

4. 《中国人性论史·先秦篇》，台湾东海大学，1963 年。

5. 《中国文学论集》，台湾东海大学，1965 年。

6. 《中国艺术精神》，台湾"中央书局"，1966 年。

7. 《公孙龙子讲疏》，台湾学生书局，1966 年。

8. 《石涛之一研究》，台湾学生书局，1968 年。

9. 《徐复观文录》（一至四册），台湾环宇出版社，1971 年。

10. 《两汉思想史》（卷一）（原名《周秦汉政治社会结构之研究》），香港新亚研究所，1972 年。

11. 《两汉思想史》（卷二），台湾学生书局，1976 年。

12. 《黄大痴两山水长卷的真伪问题》，台湾学生书局，1977 年。

13. 《两汉思想史》（卷三），台湾学生书局，1979 年。

14. 萧欣义编：《儒家政治思想与民主自由人权》，台湾八十年代出版社，1979 年。

15. 《徐复观杂文——论中共》，台湾时报文化出版事业有限公司，1980 年。

16. 《徐复观杂文——看世局》，台湾时报文化出版事业有限公司，1980 年。

17. 《徐复观杂文——记所思》，台湾时报文化出版事业有限公司，1980 年。

18. 《徐复观杂文——忆往事》，台湾时报文化出版事业有限公司，1980 年。

19. 萧欣义编：《徐复观文录选粹》，台湾学生书局，1980 年。

20. 《周官成立之时代及其思想性格》，台湾学生书局，1980 年。

21. 《学术与政治之间》（甲乙集合刊），台湾学生书局，1980 年。

22. 《徐复观杂文续集》，台湾时报文化出版事业有限公司，1981 年。

23. 薛顺雄编校：《中国文学论集续篇》，台湾学生书局，1981 年。

24. 《中国思想史论集续编》，台湾时报文化出版事业有限公司，1982 年。

25. 《中国经学史的基础》，台湾学生书局，1982 年。

26. 曹永洋编：《论战与译述》，台湾志文出版社，1982 年。

27. 《徐复观最后杂文集》，台湾时报文化出版事业有限公司，1984 年。

28. 翟志成、冯耀明校注：《无惭尺布裹头归——徐复观最后日记》，台湾允晨文化实业股份公司，1987 年。

29. 曹永洋编：《徐复观文存》，台湾学生书局，1991 年。

30. 曹永洋编：《徐复观家书精选》，台湾学生书局，1993 年。

31. 黄克剑、林少敏编：《徐复观集》，群言出版社，1993 年。

32. 李维武编：《中国人文精神之阐扬——徐复观新儒学论著辑要》，中国广播电视出版社，1996 年。

33. 黎汉基、李明辉编：《徐复观杂文补编》一至六册，台湾"中央研究院"中国文哲研究所筹备处，2001 年。

34. 李维武编：《徐复观文集》一至五卷，湖北人民出版社，2002 年。

35. 胡晓明、王守雪编：《中国人的生命精神：徐复观自述》，华东师范大学出版社，2004 年。

36. 陈克艰编：《中国学术精神》，华东师范大学出版社，2004 年。

37. 陈克艰编：《中国知识分子精神》，华东师范大学出版社，2004 年。

38. 姚大力编：《中国的世界精神：徐复观国际评论》，华东师范大学出版社，2004 年。

后　记

这是一本介绍徐复观其人其学的简明读物，但同时也是我近二十年来研究徐复观其人其学的一个小结性成果。

二十年前的 1987 年，我有幸成为方克立、李锦全两老师主持的现代新儒家思潮研究课题组成员，承担了课题组中徐复观新儒学思想研究的任务。二十年来，徐复观研究成为我开展二十世纪中国哲学研究的一个重要个案，其研究涉及徐复观的文献整理、生平考察、思想探讨等多方面的内容，由此产生了一批相关的研究成果，并具体筹办了中国内地的两次徐复观学术研讨会。而这本书，可以说是对这些研究成果所作的一个概括、提炼和浓缩，尽管采取了简明的表达形式，但仍然是一本严肃的有一定深度的著作。

需要说明的是，徐复观著述的某些用词，与中国内地的现代汉语规范不尽一致。如一些通常用"的"的地方，徐复观使用的是"地"。为了便于读者的阅读，本书在引用徐复观著述时，在不影响原文内容的情况下，作了一些相应的修改。

总之，我希望，这本书能对想了解徐复观其人其学的读者，不论是专业读者还是非专业读者，都有一定的价值。

李维武

2007 年 12 月 31 日于武汉大学